무기가 되는
리더의 심리학 수업

나를 지키고 타인을 움직이는
'집단 심리'의 힘

무기가 되는
리더의 심리학 수업

야마우라 가즈호(山浦一保) 지음

KOREΛ.COM

리더를 위한 최강의 교양
'조직심리학'

이 책은 직장생활에서 가장 중요한 요소로 꼽히는 '원만한 인간관계'에 대해 다룬다. 인간관계의 실마리를 과학적 관점에서 풀어가기 위해 전세계 최신 연구 사례와 그동안 필자가 조직심리학자로서 연구해온 사실들을 중심으로 다루었다.

'원만한 인간관계'는 나를 중심으로 한 일대일 관계에 그치지 않고, 나와 여러 구성원과의 관계까지도 포함한다. 특히 리더나 팀장 자리에 있는 사람에게 인간관계는 매우 큰 문제다. 원만한 인간관계야말로 조직의 성패를 좌우하는 중요한 요소이기 때문이다.

우리가 직장생활을 하면서 맞닥뜨리는 고민의 90% 이상이 인간관계라고 할 정도로 이 문제는 직장의 곳곳에 만연해 있다.

조직심리학은 조직에서의 인간관계를 다룬다. 즉, 조직 안에서 발생한 문제의 원인을 규명하여 성공한 집단에 공통하는 '리더십'과 '인간관계'를 밝히는 학문이다.

인간관계가 점점 어려워지는 시대

최근 조직에서 대두되는 2대 문제는 '직장 내 갑질'과 '정신 건강'으로, 직장생활을 하는 사람들에겐 매우 큰 고민거리가 아닐 수 없다. 여기에 원격근무가 보급되면서 개인의 근무 환경이 좋아지는 한편, 사람 사이의 물리적 거리는 점점 벌어지고 있다.

예전에 비해 교류를 힘들어하는 사람도 많아졌다. 특히 리더나 팀장 자리에 오른 사람들은 적극적으로 인간관계에 나서기가 더욱 어려운 시대가 되었다.

실제로 필자가 조직심리학 연구자로서 기업이나 스포츠팀을 조사하러 가면, 매니저들이나 스포츠팀 감독들이 상담을 많이 요청해 온다.

리더십을 논의할 때, 나는 과학적이고 객관적인 근거에 절대적인 신뢰를 둔다.

일례로, 리더십은 성공한 사람의 경험칙을 바탕으로 이야기하는 경우가 많다. 그들의 경험에서 배울 점도 많아서 딱히 부정할 생각은 없다.

이와 같은 경험칙이 잘 활용되기 위해서라도 사람의 마음이 흔들리는 이유, 사람과 사람 사이에 생겨나는 '무언가'를 심리학을 바탕으로 이해하고 공유하고자 한다.

이 책에서는 과학적이고 객관적인 관점에서 효과적인 리더십이란 무엇인지 생각해본다. 과학적 관점이 우리에게 리더십과 인간관계에 대해서 새로운 단서를 제공해 주리라고 믿는다.

능력이 뛰어난 사람만 있으면 강한 팀이다?

그렇다면 리더에게 원만한 인간관계 구축은 왜 중요할까.

느닷없지만, 질문 하나.

만약 당신이 리더가 되어 훌륭한 성과를 목표로 팀을 만든다면 다음 중 어느 팀을 선택할 것인가.

A. 개인 능력이 뛰어난 사람만 모인 팀

B. 개인 능력이 매우 뛰어난 사람과 그 아래 수준의 능력을 가진 사람이 모인 팀

흔히 우리에겐 A처럼 팀을 구성해야만 효율성이 높을 거라는 신념 같은 게 있다. 그러나 축구 국가대표팀을 조사한 조직심리학 연구 결과를 보면 시사하는 바가 매우 많다.[1]

다음 그림의 세로축은 '국가대표팀의 퍼포먼스', 가로축은 세계 유수의 엘리트 팀에 소속된 '최정상 선수가 국가대표팀에서 차지하는 비율'이다.

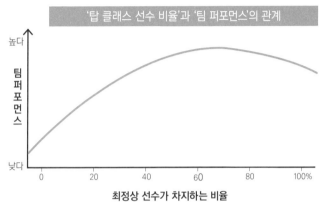

'탑 클래스 선수 비율'과 '팀 퍼포먼스'의 관계

Swaab et al(2014)를 바탕으로 일부 생략하고 작성

어느 한 지점까지는 최정상 선수가 많을수록 팀의 퍼포먼스가 높아지지만, 정점을 지나고 최정상 선수가 지나치게 많아지면 팀 퍼포먼스는 하락한다.

또 같은 연구에서 미국의 프로농구팀도 분석한 결과, '최정상 선수가 너무 많으면 팀 퍼포먼스가 하락'한다는 유사한 경향도 발견됐다.

능력이 뛰어난 사람을 모으면 최강팀이 될 거라는 우리의 생각을 벗어난 결과다. 동네 골목대장만 불러 모아 본들, 이들을 하나로 묶을만한 관계성이 없다면 팀의 능력은 향상하지 않는다는 뜻이다.

'구성원 사이에 어떤 관계성이 있는가?' 하는 문제 역시 개개의 능력만큼이나 중요하다.

세계 최초로 자동차를 대량 생산한 포드 모터 컴퍼니의 창설자 헨리 포드(Henry Ford)가 남긴 많은 어록은 조직심리학에 시사하는 바가 크다.

"사람이
모이면 시작이고
같이 있으면 진보이고
함께 일하면 성공이다."

혼자 달성할 수 있는 일의 양이나 성과는 뻔하다. 리더로서 성과를 올리고 싶다면 더욱 원만한 인간관계는 꼭 필요하다.

칭찬이 금전적 보수와 맞먹는다?

또 하나의 화두는 조직심리학과 관계가 깊은 뇌과학이다. 사람이 칭찬받았을 때 뇌에서 무슨 일이 벌어지는지 조사한 연구가 있다.[2]

금전적 보수를 받았을 때와 사회적 보수, 즉 칭찬을 받았을 때의 뇌 반응을 fMRI(기능성 자기공명영상법)를 통해 각각 비교했다. fMRI는 뇌가 활동할 때 발생하는 대사 변화를 탐지하는 장치로, 특정한 상황에서 뇌의 어떤 부위가 활동하는지 보여준다.

이 검사를 통해, 금전적 보수를 받았을 때 활성화되는 뇌 부위가 사회적 보수를 받았을 때도 반응한다는 것을 알게 됐다. 즉, 칭찬을 받으면 금전적 보수를 받았을 때와 비슷한 심리적 효과가 나타난다는 것이다.

직장에서 칭찬을 잘하는 편인가. 만일 팀장 위치에 있는 사람이 칭찬에 인색하다면 보수를 안 주는 것이나 다름없다. 실질적으로는 손해를 보고 있다고 봐야 한다.

그렇다고 무슨 일이든지 칭찬만 하면 다일까. 그렇지 않다. 칭찬이 차기 업무에서 의욕으로 이어지는 경우와 반대 경우를 밝혀낸 연구도 있는데, 이에 대해서는 본문에서 살펴보자(제3장에서 소개).

조직심리학은 나를 지키고, 타인을 움직이는 무기

심리학이나 뇌과학, 집단역학 등의 관점에서 사람의 심리와 행동 경향을 배우고 대책을 세우는 일은 조직에서 사람을 움직여야 하는 팀장 자리에 있는 사람들에게는 '강력한 무기'가 된다.

또 타인의 심리를 알아두면 인간관계에서 발생하는 불필요한 문제도 피할 수 있다. 인간관계에서는 부정적인 관계를 최대한 줄이면서 긍정적인 관계를 구축해야 한다.

이 책에서는 조직에 만연한 부정적 관계를 어떻게 긍정적이고 유익하게 바꾸어갈 것인가에 대해 '시기심' '인간관계(온도 차)' '불만' '권력'

'신용(불신감)'의 다섯 가지 주제로 이야기한다.

이 다섯 가지 부정적인 키워드는 공기처럼 눈에 보이지는 않지만, 조직에 큰 영향을 미치기 때문이다.

조직에서 일하는 직장인, 특히 리더 위치에 있는 사람이라면 이 다섯 가지 키워드를 보고 마음에 걸리는 게 있을 것이다. 지금 인간관계가 원만하지 않더라도 괜찮다. 조직의 종류와 크기, 분야를 불문하고 바꿀 수 있다.

물론 쉽지는 않을 것이다. 그러나 한 발 나아가려면 반드시 한 번은 짚고 넘어가야 한다. 조직 속에서 어려운 인간관계를 극복하고자 하는 분, 혼자서는 달성하기 힘든 목표를 집단으로 실현하고 싶은 분들께 이 책이 조금이나마 도움이 되기를 바란다.

조직심리학이란

심리학의 한 분야로 '산업 및 조직심리학'이 있다. 산업 및 조직에서 발생하는 인간문제를 효율적으로 해결하려는 학문으로, 산업심리학과 조직심리학이 통합되어 발전해 왔다.[3]

'과학적 관리법'의 창시자인 프레드릭 테일러(F. W. Taylor)를 시작으로 하는 산업심리학 연구자들은 19세기 후반부터 20세기 전반에 걸쳐 생산성을 효율적이고 안전하게 높이기 위한 관리 방법, 즉 일하는 법, 교육 및 훈련, 인사관리, 작업환경 정비 등을 연구하고 실천에 옮겼다.

이후, 작업능률은 물리적·경제적 요인뿐 아니라 직원의 감정과 태도, 회사 내 동아리 같은 비공식 집단 등 사회적·심리적 요인에 의해서도 좌우된다는 것이 밝혀졌다.

이러한 흐름에 따라 태어난 학문이 조직심리학이다. 1960년대에 미국의 경영심리학자인 해럴드 레빗(H. J. Levitt)과 암스테르담 대학의 심리학자 마타이스 바스(Matthijs Baas)가 처음으로 조직심리학이라는 용어를 사용하였으니 역사가 그리 깊지는 않다.

당시에는 인간이 합리적으로 행동한다는 전제하에 조직을 관리한다는 생각이 주류를 이루었으나, 점차 인간에게서 보이는 비합리적이고 정서적인 부분에도 관심이 커졌다.

미국에서는 1970년대, 일본에서는 1985년에 산업·조직심리학회가 발족했다.(한국 산업 및 조직 심리학회는 1987년에 발족했다-편집자 주)

현재의 산업 및 조직심리학은 하루가 다르게 발전하는 사회의 변화 속에 생겨나는 다양한 요청에 대응하며 응용발전력이 있는 학문 분야가 되었다.

이 책에서는 산업 및 조직심리학 연구 대상 중에서 조직에서 발생하는 인간의 다양한 행동과 흔들리는 마음을 '조직심리학'에 중점을 두어 이야기한다.

제2장 　조직을 망치는 원흉 2: 인간관계

어떻게 '팀원 간의 온도 차'를 극복할 것인가?

제3장 　조직을 망치는 원흉 3: 불만

'숨겨진 불만'을 찾아 변화의 기회로 활용하라

제4장 조직을 망치는 원흉 4: 권력

리더는 권력을
어떻게 다룰 것인가?

제5장

조직을 망치는 원흉 5: 불신

완전히 무너진 조직을
다시 세울 수 있을까?

Part

01

조직을 망치는 원흉 1 : 시기심

리더는 조직 내 시기심을
동기부여로 끌고 갈 수 있다

눈에 잘 보이지 않는 감정처럼 골치 아픈 녀석이 있을까.

시기심은 다른 감정과 다르게 누구나 '사회적으로 받아들여지기 힘든 불쾌한 감정'이라고 인식하고 있는 만큼 평소에는 마음속에 가라앉혀 몰래 숨겨둔다.

시기심은 인간의 본성 중 하나이자, 타인의 발목을 잡는 비합리적 행동을 초래하는 원흉으로 꼽혀왔다. 적대심이 많다거나 상대를 질투하고 깎아내리는 행동 저변에는 시기심이 있다.

또 질투 때문에 왜곡되고 질 낮은 정보를 전하기도 한다. 최근 문제가 된 SNS 왕따의 저변에도 이러한 시기심이 깔려 있다고 보여진다. 또한 다른 사람들보다 자신을 돋보이려고 부정행위를 저지르게 하는 원인이기도 하다.

당연히 타인뿐 아니라 자기 자신도 힘들어지기 마련이다. 억울함을 호소하거나 불안감이 고조되기도 한다.

이런 감정에 한번 휩싸이면 그 늪에서 헤어나기란 쉽지 않다.

● 직장 내 관계성이 모호하다.

● 팀으로서도 개인으로서도 본래 실력을 발휘하기 힘들다.

● 정신적 부조화를 호소하는 사람이 나타난다(혹은 자기가 그렇다).

이와 같은 문제에는 수면 아래에서 활성화되는 마음, 즉 시기심이라는 감정이 작동하고 있을 가능성이 크다. 특히 조직에 적응하기 힘든 사람일수록 시기심이라는 감정을 잘 이해하고 적절히 다룰 줄 알아야 한다.

하지만 시기심이라는 감정에는 부정적인 면뿐 아니라, 동기부여로 이어지는 긍정적인 면도 있다. 그렇다면 골칫덩어리 시기심을 더 나은 방향으로 이끌어갈 방법을 찾아보자.

비합리적인 행동은 '감정' 탓

시기심 자체를 화제로 삼기 전에 다음 이야기부터 시작해보려고
한다.

● 인간은 내버려 두면 도무지 이해하지 못할 비합리적인 행동을 서
  슴지 않는다
● 비합리적인 행동과 습관은 감정 때문에 생겨난다.

매일 하는 행동을 잘 돌이켜보면 예상보다 비합리적일 때가 많다.
'해야 하는 일이란 걸 알고는 있지만, 안 할래. 하기 싫어'라는 식
이다.
여기에는 쾌락을 추구하라고 유혹하는 감정과 심적 고통을 줄여보

려는 동기가 작용한다.

몇 가지 사례로 살펴보자.

[비합리적 행동 1] 미래의 이익보다 눈앞의 유혹

건강검진에서 '심각한 대사 증후군'이라는 말을 듣고, 적절한 운동
과 식이요법을 권유받았다. 이래서는 정말로 위험하겠다고 생각할
것이다.

"그래, 술부터 끊자. 좋아, 오늘부터 시작이다!"

뭐 이런 식으로 의지를 불태운다.

그러나 "퇴근길에 한잔 어때?"라는 동료의 한마디에 어쩔 수 없다
는 식으로 자신을 합리화한다. 그리고 "역시, 이거지!" 하며 생맥주
잔을 꿀꺽꿀꺽 들이켠다.

"내가 가장 좋아하는 초콜릿! 한 상자에 열 개 들었으니까, 하루에
한 개씩만 먹으면 돼!"

이렇게 생각하고 구매할 때까지는 매우 합리적이다.

'집에 들어왔으니까, 한 개.'

'한 개쯤 더 먹어도……'

정신을 차리고 보니, 평소대로 초콜릿을 모두 먹어 치워버리고 말
았다. 다이어트 대실패.

담당업무 마감까지 약 한 달.

"하던 일부터 해치우고 시작해도 될 거야."

귀가 후에는 유튜브의 유혹에서 벗어나지 못한다.

어느새 마감일은 코앞으로 닥치고, 정신없이 업무에 매달리며 사흘 밤샘.

인간은 왜 이렇게 의미 없는 일을 좋아하는 걸까? 계획대로 진행하는 게 가장 좋다는 것을 알면서도 자기 발로 옆길로 샌다. 자기가 이상으로 꼽는 모습을 완성해가는 여정에는 유혹과 갈등이 끊이질 않는다.

이처럼 다음으로 미루는 사고나 현상을 행동경제학에서는 '쌍곡형 할인'이라고 하는데, 이는 나중의 더 큰 보상보다 당장 주어진 보상을 선택하려는 사람들의 성향을 나타낸다. 일반적으로 자기통제력이 약하고, 현재를 중요시하는 사람들은 미래의 가치를 과도하게 폄하하는 현상이 나타나는 것이다.

● 미래의 건강보다 눈앞의 맥주나 디저트
● 노후의 여유보다 지금 여유 있는 생활

미래보다 지금이 더 매력적으로 보이기 때문이다. 이러한 눈앞의 선택지를 보고 감정은 '좋다' '먹고 싶다' '하고 싶다' '즐거울 거야'라며 호기심 가득 안고 쾌락을 향해 간다.

여기에는 이유가 있는데, 우리는 답답하고 스트레스가 많은 부정적인 상태를 경험해도 긍정적인 감정이 공존하는 덕분에 몸과 마음의 건강을 유지할 수 있다.

예를 들어 부정적인 감정이 생긴 탓에 혈압이 오르는 등 자율신경계 균형이 무너져도 긍정적인 감정이 뒷받침하며 원래 상태로 되돌려 놓기 때문이다.

이처럼 우리의 비합리적인 행동에는 심신의 건강을 유지하려는 '감정'이라는 존재가 있다.

[비합리적 행동 2] '현재'에 집착, '변화'를 거부

이렇게 행동할 때도 있다.

대부분 경력직으로 성과주의 인사고과 시스템을 도입한 기업. 어느 날, 나이도 젊은데 업무능력도 뛰어나며 성과도 훌륭한 사원 X가 나타났다! 가끔 이런 일이 일어난다. 그리고 사내에 퍼지는 소문이 자신의 귀에 흘러들어온다.

"X가 네 업무의 차기 담당자로 급부상 중이래!"

그 순간 자신의 향후 업무나 경력 걱정에 당장 내일이 위협받는 것 같은 불안이 엄습한다.

'회사의 미래를 생각하면 나보다 X가 리더십을 발휘하는 게 낫

겠지.'
머리로는 이해하지만 그럴수록 X에 대한 열등감은 더욱 커져서 현실을 받아들이기 힘들어진다.

어느 날 게시된 사내 공지.
'대표가 바뀌어 조직을 혁신할 예정입니다.'
그러자 변화에 저항하는 사람들이 하나둘 나타난다.
"지금처럼 대우해줄까?"
이러한 불안감을 해소하기 위해 회사 안을 돌아다니며 정보를 수집하고 확인한다. 매일 좌불안석하며 지금의 위치를 지키거나 업무를 바꾸지 않아도 될만한 방법을 찾아다닌다.

이처럼 우리는 '주어진 환경' '손안에 있는 것'을 내려놓을 때 큰 저항에 부딪힌다. 내 손에 쥔 것에 대한 애착, 새로운 무언가에 대한 기대보다 지금의 자신을 잃을지도 모른다는 공포심이 우리의 마음을 잠식하기 때문이다. 그럴수록 현재 상태를 유지하려는 '집착 현상'이 생긴다.
회사를 옮기고 싶은 마음이 큰데도 행동으로 옮기기가 쉽지 않다. 이 역시 집착 현상 중 하나다.

일단 내 것이 되면 가치가 높아 보인다

현상을 유지하려는 집착적인 행동을 심리학에서는 '소유 효과'라고 하는데, '카너먼의 머그잔 실험'이 유명하다.[4]

행동경제학자 대니얼 카너먼(Daniel Kahneman)은 대학생들을 무작위로 뽑아 '판매 그룹'과 '구매 그룹'의 두 그룹으로 나누었다.

- '판매 그룹'에는 한 사람에 한 개씩 대학 로고가 들어간 머그잔을 주고 '얼마라면 머그잔을 팔겠느냐'고 희망 판매가격을 묻는다.

- '구매 그룹'에는 옆 사람의 머그잔을 보고 '얼마라면 내 지갑을 열어서 머그잔을 살 것인가?'라고 묻는다.

참고로, 해당 대학의 로고가 들어간 머그잔은 6달러에 팔리고 있다.

실험 결과, '구매 그룹'이 대답한 평균 가격은 2.87달러인데 반해, '판매 그룹'의 평균 가격은 7.12달러였다. 즉 판매자는 구매자보다 두 배 이상 비싸게 가격을 매겼다.

두 그룹 사이에 가격 차이가 난 데에는 다음과 같은 이유를 생각해 볼 수 있다.

- 이미 가지고 있는가?
- 내놓고 싶은 마음이 생겼는가?

카너먼은 실험을 통해 우리에게 한번 경험한 기쁨, 그로 인해 알게 된 가치 있는 물건을 잃어버리고 후회하기 싫어하는 경향이 있다는 것을 보여준다.

눈앞에 펼쳐진 상황이 인생에 한 번 있을까 말까 한 기회일지도 모르지만, 불안함이나 귀찮음이 앞선다.

기회를 붙잡은들 좋아지기는커녕 지금 내 위치가 요동칠만한 상황을 마주할지도 모른다. 내 마음을 어지럽히는 위협적인 상대를 만나게 될지도 모른다. 그러면 지금까지의 나는, 내 체면은 어떻게 될까…….

그러다 보면 내심 지금이 최악은 아니다, 이 정도면 괜찮은 게 아닐까 하는 생각에 빠진다.

즉 '소유'는 현재 상태를 유지하여 안심하려는 마음을 앞세운 비합리적인 행동이다.

이렇게 우리는 '자신이 위험하거나, 위협에 노출되었을 때' 생기는 감정 때문에 비합리적으로 판단하고 행동한다.

가장 골칫덩어리 감정은 '시기'

타인과 나의 비교, 멈출 수만 있다면

우리를 비합리적인 행동으로 내모는 감정 중에서도 가장 처치 곤란한 감정은 '시기'다. 시기는 인간의 가장 원시적인 심리로, 먼 옛날부터 우리 마음에 숨어든 최악의 빌런이 아닐 수 없다.

'나는 뭐든지 나중으로 미루는 성격 탓에 계획대로 된 적이 없어.
하지만 우리 회사에는 내가 못 하는 걸 해내는 동기 X가 있어.
X가 내가 지금까지 해왔던 일을 맡게 된다나 봐.
나는 아직 의욕도 충분하고 누구보다 열심히 일해 왔는데, 하필 지금 왜 이런 인사 얘기가 나오는 걸까?'
이렇게 우리는 일상에서 누군가와 비교하며 자기 능력과 존재가치를 평가한다. 나보다 능력이 뛰어나고 매력적인 직장 동료 X의 존재가 신경 쓰이기 시작한 순간부터 그 존재를 인식하기 시작한다.

냉정히 생각해보자. X와 우호적으로 지내는 편이 더욱 나은 성과를 얻게 될 것이므로, 훨씬 합리적인 선택이다.

그러나 현실에서는 다음과 같이 악의적이고 비합리적인 대응으로 X의 발목을 잡기도 한다.

'X가 곤란한 상황이지만, 도와주나 봐라. 중요한 정보도 알려주지 않을 거야.'

이런 식의 대응은 결국 인간관계를 삐걱거리게 하고 직장 전체의 효율성은 정체되며 누구 하나 득을 보는 사람은 없다. 자기보다 뛰어난 사람과 비교하는 상향비교를 시작하게 되면 열등감에 자신만 괴로울 뿐이다.

타인을 향한 공격을 초래하는 시기심

시기라는 감정은 언제 생겨날까. 누구에게 어떤 형태로 드러나는 걸까.

이를 설명한 연구가 있다. 바로 미국 심리학자 데이비드 데스테노(David DeSteno)가 이끄는 연구팀이 발표한 논문이다.[5]

1) 남녀 한 쌍으로 그룹워크 실시

실험은 두 그룹으로 나누어 진행하는데, 조작하지 않은 [통제군]

과 조작이 더해진 [시기심 유도 실험군]이다.

먼저 실험 참가자가 혼자 방에 들어가고 나면 바로 실험 참가자의 파트너가 될 이성이 들어간다.

사실 파트너는 실험을 위해 투입된 실험 도우미다.

파트너는 실험 참가자와 대화를 나누며 의도적으로 사이가 좋아지기 위한 연기를 한다.

잠시 후, 두 사람은 다음과 같은 말을 듣는다.

"이 실험은 과제를 혼자 했을 때와 한 쌍으로 했을 때의 효율 차이를 알아보기 위한 것입니다. 혼자서 하든 파트너와 함께하든 자유롭게 결정해주십시오."

그러면 파트너는 실험 참가자에게 '함께 하자'고 권유한다.

두 사람이 즐겁게 과제를 수행하던 중, 세 번째 사람이 '늦어서 미안하다'라며 등장한다.

실험 참가자와 성별이 같은 세 번째 인물은 경쟁자 역을 맡은 실험 도우미다. 물론 실험 참가자는 이 사실을 모른다.

세 사람은 다시 한번 설명을 듣는다.

"이 실험의 과제는 혼자 해도, 둘이 해도 됩니다."

이때부터 실험 참가자는 운명의 갈림길에 서게 된다.

2) 파트너의 배신

첫 번째 조건과 비교 대조를 위해, 조작하지 않은 그룹인 [통제군]

에서는 이성인 파트너가 '대학 의료센터에 예약했는데 깜빡했다!'라며 방을 나간다.

남은 두 사람은 개별로 과제를 수행한다.

이에 반해, 두 번째 조건, 즉 조작이 더해진 [시기심 유도 실험군]에서는 파트너가 나중에 온 경쟁자 이성에게 다음처럼 말을 건다.

"괜찮으시면 함께 하실래요?"

이를 수락한 경쟁자는 실험 참가자와 떨어져 앉아 작업한다.

첫 번째와 두 번째 상황 모두에서 실험 참가자는 혼자서 과제를 수행하지만, 이유는 다르다.

한 조건은 우연히 발생한 일이고 다른 조건은 경쟁자가 등장해 생긴 일이다.

3) 미각 테스트로 시기심 측정

다음 순서가 이어진다.

미각 테스트라는 명목으로 다음과 같은 기회를 준다.

'실험 참가자는 파트너와 경쟁자가 각각 먹을 음식에 핫소스(아주 매운 자극제)를 넣어도 된다.'

파트너와 경쟁자가 핫소스를 싫어한다는 정보를 얻은 실험 참가자가 핫소스를 얼마나 넣는지 분량을 측정한다.

4) 실험 결과

우선 [시기심 유도 실험군]에서는 자기를 배신한 파트너뿐 아니라 파트너가 배신하도록 유인한 경쟁자에게도 적대감이 뒤섞인 시기심을 드러냈다. 특히 냉정하게 배신당했을 때, 실험에 참여한 사람들은 자기를 부정적으로 평가했다.

이에 따라 시기심이 커지며 상대나 직접적인 관계자에게 공격적인 행동을 서슴지 않았다.

그렇다면 이렇게 적대감이 뒤섞인 핫소스 양은 얼마큼이었을까. 결과는 이렇다. [통제군]의 평균 분량은 1.44g이었지만, [시기심 유도 실험군]의 평균 분량은 3.41g으로 2.4배나 많았다. 참고로, 이러한 경향은 여성(1.67g)보다 남성(4.24g)에서 뚜렷했다.

이 실험에서 우리는 악의가 뒤섞인 시기심이 우리 마음 깊숙이에서 어떻게 움직이는지, 얼마나 못되고 파괴적으로 행동하는지 엿볼 수 있다.

집단 중 한 사람이 시기라는 감정을 품게 되면 시기하는 사람도 시기 받는 사람도 누구 하나 얻을 게 없는 비합리적 행동을 하게 된다.

시기심이 많은 사람일수록 손에서 놓지 않는 휴대전화

시기하는 사람이 겪는 고통과 건강상 위험에 대해서도 이야기하려

한다.

중국의 중학생을 대상으로 한 조사연구 결과를 소개한다. 이 연구는 시기라는 감정은 주변에 피해를 줄 뿐 아니라, 자신의 건강에 심각한 사태를 초래하는 방아쇠가 된다며 경종을 울리고 있다.

시기심이 큰 사람이 동급생끼리 사이가 좋지 않은 학급에 들어가면 덮어놓고 의심부터 한다.

'혹시 나 없는 동안 우리 반에서 누가 칭찬을 들은 건 아닐까? 그 애한테만 좋은 일이 생기는 건 아닐까?'

이런 사람은 자기만 좋은 기회를 놓쳤을지 모른다는 공포와 불안이 엄습하여 휴대전화를 손에서 놓지 못하고 수시로 확인한다. 이렇게 SNS 중독으로 인한 휴대전화 과다 사용은 여러 문제를 일으킨다. 이를테면 대면 교류 감소, 조울증 등 감정 장애, 수면 부족, 신체적 건강 문제 등이다.

이 연구에서는 동급생끼리 사이가 좋은 집단이라면 시기심이 큰 사람이 일으키는 문제행동이 억제된다고 결론짓고 있다.

시기심은 사람과 어울리지 않으면 느끼지 않아도 될 마음의 고통이자 혼란이다. 안타깝게도 사회와 조직 속에서 살아가는 이상 타인과의 관계는 피하지 못한다. 그래서 더 시기라는 감정은 조직 속에서 살아가야 하는 우리에게 매우 다루기 힘든 존재가 아닐까.

이렇게 보니, 두 가지 의문이 생긴다.

이처럼 불이익을 가져오는 감정을 인간은 왜 버리지 못하고 늘 품고 사는 것일까.

골칫덩어리 시기심을 잘 다룬다면 긍정적인 인간관계를 구축할 수 있지 않을까.

두 가지 의문을 하나씩 순서대로 살펴보자.

시기심을 누그러뜨리고
효과적으로 이용하기

[의문 1] 왜 시기심을 버리지 못하는 걸까?

시기심이 재앙을 불러일으키는 원흉이라면서 우리는 왜 품고 사는 걸까. 정말로 무용지물이라면 인간이 진화하는 과정에서 도태되었을 텐데 말이다.

시기심이 큰 사람은 직장 내 여러 동료 중에서 타깃을 선별해내는 섬세함이 있다고도 할 수 있다.

특히 자신을 위협하고 열등감을 주는 상대를 골라내므로, 시기한다는 것은 곧 자기를 직시하는 순간을 경험했다는 뜻이기도 하다. 신경 쓰이는 타인의 존재를 통해 자신의 존재가치를 확인하고 유지하려는 욕구가 강하다고도 할 수 있다. 이는 인간이 더욱 안전하게 살아가는 데 필요한 능력이다.

전쟁의 포화 속에 서 있는 장군을 떠올려보자. 잡느냐 잡히느냐의 절체절명의 난세 속, 나보다 유능하고 자원이 풍부한 적진의 장군이 세력 확장을 위해 내 영지와 자원, 통치 재량, 세력을 빼앗으러 쳐들어올지도 모른다.

하루라도 빨리 일전을 펼쳐서, 내 불안을 부추기고 역량과 평판을 갉아먹으며 존재를 위협하는 적장을 없애버리고 내 지위를 다시 반석에 올리고 싶다. 이렇듯 시기심은 유능한 상대에게서 자신의 자원을 확실하게 지키기 위한 탐지기 역할을 한다.

하지만, 현대의 인간관계에서는 자기보다 유능한 상대를 없앨 수도 없고 없애지도 못한다. 만약 직장 동료 중 누군가에게 내 안에 도사리고 있는 시기라는 감정이 알려진다면 나에 대한 주변의 평가는 또 어떻게 될까.

'저 사람만 지금 여기에 없다면 내가 바라는 바를 더욱 손쉽게 얻을 수 있을 텐데 그러면 괴롭지도 않고, 나 자신을 혐오하지도 않았을 텐데'

이렇게 마음속은 타인을 향한 깊은 질투에 원망과 적대심까지 뒤섞여 매우 혼란스럽다. 혼자 힘으로 지금의 상황을 헤쳐 나가기 힘들 때, 원하는 자원이 한정적이어서 손에 넣기 힘들 때, 경쟁까지 해야 할 때 더욱 이러한 감정을 마주하게 된다. 상황이 이러할진대 마음이라고 편할까, 심리적인 고통까지 뒤따른다.

아리스토텔레스가 남긴 말처럼, 시기는 '나는 없는데 이웃에게는 있다는 걸 알았을 때 마음에 생기는 일종의 고통'이다.[6]

시기심이 생겼을 때 뇌 속에서 벌어지는 일

시기심과 뇌 활동의 연관성을 검토한 연구가 있다.[7]

일본 교토대 의학대학원 다카하시 히데히코 교수팀은, 평균 연령 22세의 신체 건강한 남녀 19명에게 가상의 시나리오를 주고 자신을 주인공으로 생각하면서 읽게 했다. 주인공은 능력이나 경제력, 사회적 지위 등 모든 면에서 평범한 사람이며, 그 외 세 명의 등장인물은 모두 주인공과 대학 동창생이다.

시나리오에는 등장인물들의 대학생활과, 사회에 진출한 뒤 동창회에서 다시 만난 이야기가 나온다. 연구팀은 실험 참가자가 시나리오를 읽는 동안 뇌에서 나타나는 반응을 기능성자기공명영상(fMRI) 장치로 촬영해 분석했다. 그 결과, 놀랍게도 강한 질투를 느끼는 사람에게 불행이 닥쳤을 때 우리 뇌는 기쁨을 느낀다는 사실을 알 수 있었다.

연구팀이 실험 참가자들에게 건넨 시나리오에는 실제로 있을 법한 이야기가 담겨 있다. 등장인물 가운데 주인공과 유일한 동성인 A씨는 주인공과 같은 고등학교를 나왔고 전공과 장래 희망도 비슷하지만, 주인공보다 성적이 좋고 같은 동아리에서 최고의 실력자로 평가받는 '에이스'다. 이성 등장인물인 B씨 역시 뛰어난 능력을 뽐내며 두각을 나타내고 있지만 주인공과는 전공도 다르고 속한 동아리나 장래 희망도 다르다. 또 다른 이성인 C씨는 주인공처럼 평범한 사람이며 전공이나 동아리, 진로 희망 모두 주인공과는 별로 관련이 없다.

연구팀은 먼저 실험 참가자들이 설정된 상황을 받아들이는 동안 뇌에서 나타나는 반응을 관찰했다. 그리고 이들에게 '등장인물들이 얼마나 부러운지' 점수를 매기게 했다. 1점은 전혀 부럽지 않은 것이었고 6점은 가장 부럽다는 것이다.

설문과 fMRI 영상을 분석한 결과, 질투를 강하게 느낄수록 불안한 감정이나 고통을 느낄 때 활성화되는 전대상피질이 반응하는 것으로 나타났다. 참가자들이 A씨와 B씨, C씨에게 느낀 질투 정도는 각각 4점, 2점, 1점 정도였는데, 전대상피질에서 나타난 반응의 크기도 같은 순서였다. 자신과 관련 없는 분야에서 잘나가거나 자신과 비슷한 처지에 있는 친구들의 이야기를 들을 때보다 자기 분야에서 두각을 나타내는 친구의 이야기를 들을 때 뇌가 강한 반응을 보이면서 질투를 느낀다는 것이다. 그리고 이때 뇌에 나타나는 반응은 '고통'이다.

앞에서도 이야기했듯이, 시기심에는 마음뿐 아니라 신체적 고통도 뒤따른다. 이는 마음의 상태와 신체적 건강 상태가 얼마나 밀접한 관계에 있는지 알려준다.

참고로 시기하는 대상에게 불행한 일이 생겼을 때, '샤덴프로이데 (Schadenfreude)'라고 하는 마음이 생기는데, 이는 '남의 불행을 보았을 때 기쁨을 느끼는 심리'라는 뜻의 독일어다. 즉 시기하는 대상이 불행할 때 '꼴 좋다'라는 마음이 생기고 뇌 속 선조체가 활성화된다고 알려져 있다.

선조체가 쾌감을 느끼는 신경회로인 보수계에 속한다는 것을 알고 보면 글자 그대로 '타인의 불행은 곧 나의 행복'이다.

전대상피질 활동이 활발한 사람일수록 선조체도 강하게 반응한다고 보고되었다. 즉 시기심이 강한 사람일수록 타인의 불행에 쾌감을 느끼는 '쌤통이다'라는 마음도 커진다.

생존경쟁에서 살아남고 더 잘 살아가려면 뛰어난 상대가 어디에 있는지, 언제 위협해 올지 감지하기 위해서라도 늘 안테나를 펼쳐 두어야 한다.

시기라는 감정에는 자기 자원을 확실히 확보하고 유지하기 위한 탐지기 역할과 자기방어 기능이 있다.

[의문 2] 시기심을 잘 다루는 방법을 찾아서
사람이 모이는 그 자체로 시기심이 생겨난다면 시기심이라는 감정

을 잘 다루고 활용하는 방법은 없을까.

누구에게나 크든 작든 시기심은 있겠지만, 이를 드러내는 사람과 그렇지 않은 사람이 있는 건 왜일까.

시기심에는 두 종류가 있다고 알려져 있다. '악의적 선망(malicious envy)'과 '우호적 선망(benign envy)'이다.

악의적 선망은 적대심이나 분노를 중심으로 만들어지는 불쾌한 감정이다. 이를테면 '시샘, 심술'과 같다. 한편, 우호적 선망에는 '동경, 부러움' 등의 감정이 있다.

두 가지 모두 상향 비교라는 점에서는 똑같다. 악의적 선망이 있으면 자기보다 뛰어난 상대에게 '왜 저 사람만 운이 따르는 걸까? 저 사람만 없으면 얼마나 좋을까……'라고 느낀다.

시기심의 양면성

	악의적 선망	우호적 선망
대상	자기보다 뛰어난 상대	자기보다 뛰어난 상대
감정	적대감 · 분노	선망
지향성	배타적 '저 사람만 없다면'	협력적 '저 사람과 함께 하고 싶다'

똑같이 자기보다 뛰어난 상대지만, '나도 저 사람처럼 되고 싶다!'라고 생각할 때도 있다. 이것이 우호적 선망이다.

그러면 시기심과 질투는 무엇이 다를까. 시기심은 두 사람 혹은 두 집단 사이에 성립하지만, 질투는 세 사람이 등장할 때 경험하는 감정이다. 이를테면 늘 상사에게 주목받고 가장 먼저 기회를 받아왔는데, 어느 때부터인지 상사의 관심이 새로 들어 온 동료에게 쏠렸을 때 질투라는 감정을 느끼게 된다.

자기에게 없는 '장점'이 상대에게 있다면 당연히 시선이 간다. 그때, '저 사람만 없다면' 하고 상대가 없어지기를 바랄 것인가, 아니면 '저 사람처럼 되고 싶다. 함께 일하면 좋을 텐데'라고 상대를 인정하고 협력할 것인가. 이것이 두 시기심의 질적인 차이다.

이러한 차이는 마음의 다음 단계인 상대와 어떻게 관계 맺을 것인가 하는 동기부여에 큰 영향을 미친다.

시기심이 생겼다고 해서 꼭 비생산적으로 행동한다는 법은 없다. 되려 자기를 분발시키는 원동력으로 탈바꿈하며 활력이 생기기도 한다.

다음에는 마음가짐, 감정의 지향점을 어떻게 해야 내가 생산적으로 행동하는 데 기폭제로 만들 수 있을 것인가를 생각해보려고 한다.

비합리적인 행동의 원천이었던 시기라는 감정에 있는 기능적인 측면을 끌어낼 방법을 찾아보자.

'지기 싫어하는 심리'를 이용

누구든 '내가 질투하고 있나?'라고 훅 깨닫는 순간도 있고, 처음부터 '질투심 많은 나'를 자각하고 있는 사람도 있다.

그런 상황 혹은 그런 사람이 직장에서 조금이라도 마음 편하게 긍정적으로 일하는 방법이 없을까.

일본의 록밴드 샤란큐의 보컬리스트이자 작곡가 겸 프로듀서로서 활동한 쓴쿠는 정식 데뷔 직후, 얼마간 히트곡을 내지 못했다고 한다.

반면 같은 해에 데뷔한 미스터 칠드런의 사쿠라이 가즈토시는 한발 빠르게 밀리언셀러 앨범을 기록하고 최정상 밴드 자리에 올랐다.

한 방송프로그램에서 쓴쿠는 사쿠라이를 동경하는 동시에 질투한 적이 있다고 고백했다. 절대로 지지 않겠노라고 발버둥치며 어떻게 하면 경쟁자를 뛰어넘을까 고민을 거듭하며 성장해왔다고 스스로 분석했다.

결론부터 말하자면 이것이 바로 시기심 있는 사람의 생존법이자 성공전략이다. 이렇듯 시기심에도 긍정적으로 작용하는 심리적 기능이 있다는 게 실증되며, 조금씩 그 구조가 밝혀지고 있다.

상대와 경쟁하는 심리를 절차탁마(옥이나 돌 따위를 갈고 닦아서

빛을 낸다는 뜻으로, 부지런히 학문이나 인격을 갈고 닦음)로 바꾸는 것이다. 시기하는 사람일수록 '저 사람에게 뒤처지지 않을 거야. 곧 따라잡을 거야' 하며 자기 퍼포먼스 향상을 위해 노력할 수도 있다.

팀장이나 경영자 위치에서 봤을 때, 시기심은 조직 내에서 선의의 경쟁을 조성하는 원동력이 되기도 한다.

시기심의 힘으로 퍼포먼스가 향상

독일의 심리학자들은 시기심의 특성을 측정하는 설문 조사를 위해 마라톤 대회 시작 이틀 전에 출전자 중에 연구 참가자를 모집하였고 목표한 시간을 물어봤다.[8]

그 결과, 우호적 선망이 있는 사람일수록 목표 시간을 짧게 설정했고 실제 기록도 목표한 시간에 근접했다.

일본의 심리학자도 대학생을 대상으로 '시기하는 사람의 퍼포먼스'를 조사했다.[9]

이 실험은 대학 강의 시간 중에 실시했다.

우선, 실험 참가자들은 자기 시기심을 측정하는 항목이 포함된 설문 조사에 대답했다. 또 일주일 뒤에 있을 시험에서 목표 점수가 몇 점인지도 물어봤다.

그리고 예고된 시험이 치러졌다.

'이번 시험 점수는 성적에 반영'된다고 미리 알렸으므로, 실험 참가자들은 진지하게 문제를 풀었을 것이다.

독일 심리학자 연구와 마찬가지로 '우호적 선망을 갖고 있는 것으로 조사된 사람은 목표 점수가 높았고 실제 성적도 양호'하다는 결과를 얻었다.

이 두 실험은 시기심을 느끼면 자신을 깊이 연구할 가능성이 있다는 것을 보여준다.

시기하는 상대로부터 조언을 받는다면

한국의 경영학자 이기영 교수와 공동 연구자는 시기하는 사람이 취할만한 행동에는 크게 세 종류가 있다고 말한다.[10]

첫 번째는 '시기 대상 X 끌어내리기'.

예를 들면 X가 업무에서 실수하도록 방해하거나 X의 공헌도를 제외하고 상사에 보고하고 사내에 추문을 흘리기 등이다.

이런 방법이라면 시기한 사람은 특별히 노력하지 않아도 자기보다 뛰어난 X를 따라잡을 수 있다. 하지만, 결국 X와의 신뢰 관계는 무너지게 된다. 그로 인해 직장에서는 일하기 거북해지고 주변 사람들까지 슬슬 피하며 괜한 눈치를 보게 하는 등, 크고 작은 불편함이 생겨날 수 있다.

이렇듯 시기심에는 미처 예상치 못한 경쟁적 환경과 기회를 조성하는 부정적인 측면이 있다.

관리직이나 기획담당자가 사내 활성화를 위해 흔히 계획하는 경연 대회 등에도 시기심으로 인한 의도하지 않은 부작용이 있을지도 모른다. 사전에 꼼꼼히 살펴봐야 한다.

두 번째 행동은, 상대를 피하는 것이다.

이는 직장과 팀에서 협력관계를 구축하여 공동의 목표를 달성한 다는 목적에는 적합하지 않다.

세 번째는 'X에게 조언을 구하여 적극적으로 배우기'다.

이렇게 행동하면 시기하는 사람의 퍼포먼스는 개선된다. 게다가 X 는 자기를 시기하던 상대가 실은 '존중'하고 있다는 인상을 받을 수 있어서 상호 관계성이 유지된다. 어쩌면 이전보다 더욱 친밀한 사이가 될지도 모른다.

이 연구에서는 서로가 친구, 즉 업무 외적으로 만난 사람임을 인정 한 사이일 때 조언을 구하는 경향이 크다고 밝히고 있다. 말 그대 로 '선의의 경쟁자'라는 관계성 속에서 서로의 강점과 정보를 주고 받는다면 시기심도 강력한 자본이 될 수 있다.

'시기하는 부하'가 있는 리더의 전략

요즘처럼 직장 내 다양성이 풍부한 시대에는 더더욱 리더에게 가치 관의 차이만큼 발생하는 대립과 알력을 어떻게 다루고 대처할지 묻는 대응력이 요구된다.

구성원의 시선에서 보자면 능력이 다양한 사람들과 있으므로 여러 각도에서 타인과 비교되는 일이 많아진다. 그 결과로 시기심이 생길 우려가 있다. 사람은 긍정적인 감정보다 부정적인 감정이 들 때, 세세하고 작은 부분에서 감정을 처리하고 기억하는 경향이 있다.[11]

조직에는 각양각색의 사람이 있고 각자 장점도 단점도 있기 마련이다. 그런데 시기심이라는 부정적인 감정은 사람의 시야를 좁게 하고, 특정한 인물이나 타인의 사소한 면에 온 신경을 집중하게 만든다.

시기심을 느끼는 사람은 '동료보다도 내가 더 가치 있는 사람임을 인정받고 싶다' '항상 내가 조금이라도 더 뛰어나야 한다'라는 욕구를 키워 간다.

그렇더라도 인정받은 분야가 있거나 어느 한 분야의 책임자가 되면 다른 분야에서 동료에게 느꼈던 열등감이 완화될 가능성이 있다.

2021년 7월, 필자가 소속된 연구실에서는 시기심을 누그러뜨리는 조건에 대해 살펴보고 있었다.

한 가지 예를 들어보면 역할이 없을 때보다 있을 때 시기심이 낮아지고 팀 내에서 긍정적으로 행동하는 경향이 나타났다.

인원이 한 명이면 한 가지 역할, 열 명이면 열 가지 역할을 만들어 각자 역할을 맡게 하는 것은 맡은바 업무에 책임을 지고 직장 내 대인관계를 유지하기 위해서라도 매우 중요하다. 시기하는 상대가 아니라 자기 역할에 집중하게 되기 때문이다.

직장에는 다양한 사람이 모여들기 때문에 역할이라는 명목 아래 자기가 있어야 할 자리와 존재가치가 부여되는 환경을 만들어야 한다. 그럴 때 시기하는 사람의 부정적인 감정은 줄어들고 팀에는 도움이 되는 행동을 끌어낼 수 있다.

시기심을 샀다면
어떻게 행동해야 할까?

그렇다면 시기 받는 사람은 매일 어떤 마음으로 지낼까.

'주변 사람 중 누군가를 시기하지는 않았지만, 시기 받은 적은 있다.'

이런 사람도 있을 것이다.

누군가가 나를 시기한다면 그만큼 주목받을만한 가치가 있고 뛰어난 존재라고 인정받았다는 뜻이기도 하다. 솔직히 신나고 자랑할만한 일이지만, 현실에서는 좋기는커녕 그 이상으로 불안에 휩싸이고 위협을 느낀다. 자신을 시기하는 상대가 무슨 짓을 할지 모른다는 걱정 때문이다. 더욱이 상대가 직장 동료라면 매일 아침 출근하는 자체가 스트레스다.

다음 이야기를 보면, 시기 받는 사람의 마음과 행동이 시기하는 사람과의 관계성이나 직장 내 퍼포먼스에 어떤 영향을 미치는지 알게 될 것이다.

시기 받는 사람에게 던져진 갈등

사람은 자신이 시기를 받고 있는지 아닌지에 매우 민감하게 반응한다. 이는 사람의 심리적·신체적 건강을 위협하는 것에 대한 자기 방어적인 반응으로, 선천적 능력이다.

'사내 표창을 받은 이후 동료 Y가 왠지 내게 적대심을 드러냈다. 그런데 Y가 새로운 프로젝트 구성원으로 선발되고부터 갑자기 친한 척을 해 온다.
아무래도 이번에는 나를 이용하여 자신의 공을 쌓아 상사에게 인정받으려는 것 같다.'

이럴 때, 사람은 자기방어적으로 되고 Y를 피하게 된다. 그러면서도 한편으로는 어디까지나 사회적 동물답게 자기를 시기하는 Y와의 관계를 무너뜨리지 않으려는 동기도 공존한다.
이렇게 시기 받는 사람의 마음은 남몰래 자기를 배신할지도 모르는 Y를 피하고 싶은 욕구와 관계를 유지하고 싶은 욕구 사이에서 격렬하게 요동친다.
나를 시기하는 상대에게 내 귀중한 시간을 내어준들 의미가 있을까, 시간을 들여 축적해온 지식과 정보를 공유해도 정말 괜찮은 걸까…… 라고 말이다.

시기라는 위협을 피할 수 있는 선택지 셋

시기를 받는 사람에겐 기본적으로 불똥이 튈 수 있기 때문에 재앙이 아닐 수 없다.

이처럼 골치 아픈 감정의 표적 따위는 되고 싶지도 않고, 혹여 표적이 되었다면 하루빨리 해결하여 벗어나고 싶어질 뿐이다. 그래서 시기 받는 사람도 전략적으로 움직인다.

시기라는 위협을 피하고자 다음의 세 가지 행동을 한다. '숨기기' '피하기' 시기하는 사람과 '손잡기'다.

1) 숨기기

첫 번째 '숨기기'는 자기 장점이나 능력을 감추거나 눈에 띄지 않도록 조심하는 행동이다. 모난 돌이 정 맞는 것처럼, '나는 당신이 생각하는 만큼 뛰어나지 않다'라는 점을 강조한다. 즉 타인에게 어떻게 보일지 고민하며 이미지나 인상을 전략적으로 조절한다.

예를 들면 지위가 있는 사람은 자기를 시샘하는 누군가가 있다는 것을 잘 느끼며, 그 결과 지식과 정보를 숨기려는 경향을 보인다.[12]

다만, '숨기기'에는 주의할 점이 있다. 시기 받는 당사자에게는 효과가 있을지 모르지만, 조직 전체로 보면 퍼포먼스 저하로 이어질 가능성이 크다.

업무에 필요한 지식과 정보를 숨기면 대인 간 소통이 부족해질 뿐만 아니라 지위나 직위 사이에 관계 단절이 일어날 수도 있다.

지위 간 단절을 막는 동시에 관계도 개선하려면 관리직과 같은 지위에 있는 사람은 스스로 지식과 정보를 공유할 책임이 있다는 점을 인지해야 한다. 그러면 주변의 기대와 그에 따른 의무감 때문에 지식 숨기기 같은 행동을 억제하게 된다.

2) 피하기

두 번째 '피하기'는 자기를 시기하는 사람을 피하거나, 서로 마주하지 않아도 되는 장소나 역할을 정해 구분하려는 전략이다.

물리적으로 가깝거나 서로에게 똑같이 중요한 무대에서만 생활하다 보면 신경 쓰지 말래도 신경 쓰이기 마련이다.

각자에게 서로 다른 강점이 있다고 인식하고 상호의존하는 환경, 무엇보다 심리적 환경이 정비되면 각자 강점을 발휘하게 되고 직장전체의 퍼포먼스도 향상된다.

이는 앞에서 설명한 한 사람 한 사람에게 역할을 맡긴다는 내용과도 일맥상통한다.

3) 시기하는 상대와 손잡기

세 번째 '시기하는 상대와 손잡기'는 자신의 강점과 장점, 도움이 되는 정보 등의 자원을 시기하는 상대와 공유하며 도움을 자처하는 등 사회적인 행동을 취하여 협력체제를 구축하는 것이다.

사회심리학 연구자 반 드 벤(Van de Ven)과 공동 연구자들은 이들 행동 중에서 특히 세 번째에 주목했다.[13]

도움 이면에 있는 감정

반 드 벤과 공동 연구자들이 실시한 실험과 결과는 다음과 같다.

먼저, 실험에 참여한 남녀 60명에게 '금전적 보수가 퍼포먼스에 미치는 영향에 대한 실험'이라고 설명했다. 그리고 '참가자'는 실제로는 존재하지 않는 '파트너'와 각기 다른 방에서 따로 과제에 임한다. 잠시 후, 참가자에게 자기와 파트너의 점수를 알려준다.

파트너의 점수는 실험자가 개입하여 참가자와 점수가 같게 조정했다.

1) 사례금에 차이를 두다

여기에서 두 가지 조건을 조작한다.

[통제군]에는 '참가자와 마찬가지로 파트너에게도 사례금으로 5유로가 지급'되었다고 전달한다.

한편, [시기 받는 군]에는 '두 사람이 점수가 같지만, 참가자에게만 사례금 5유로가 지급되며 파트너에게는 지급하지 않았다'라고 전달한다.

2) 도와줄까, 무시할까?

이후, 파트너는 다음 과제로 7가지 문제를 받아서 풀기 시작했다고 알리고 문제별로 참가자에게 조언이나 질문할 기회가 있었다. 참가자에게는 다음의 세 가지 선택지가 마련되었다.

1. 자기가 정답이라고 생각하는 답을 알려준다.
2. 정답을 모른다고 한다.
3. 파트너의 요청을 무시하고 그때부터 일절 응하지 않는다.

그 결과, 마지막 7번째 문제까지 조언을 아끼지 않은 실험 참가자의 비율은 [시기 받는 군]에서 82.5%였는데, [통제군]에서는 60.0%에 그쳤다.

3) 시기 받고 싶지 않아서 도와준다

이렇게 '누군가가 나를 시기하고 있다' 혹은 '그럴 것 같다'라는 감정은 상대를 돕도록 부추기는 기능이 있음이 드러났다.

이후에 같은 실험이 몇 번이나 반복되었고, 참가자는 상대가 불공정한 대우를 받고 악의적 선망을 품었다고 느꼈을 때만 도우려고 나선다는 것도 알게 됐다. 즉 상대가 자기에게 적개심을 품고 있다고 생각하면 그를 도와주려고 하고, 상대가 단순히 우호적 선망, 동경심이 있다고 생각될 경우 문제풀이가 뒤로 갈수록 도와주지 않았다.

이런 결과를 받고, 반 드 벤과 연구팀은 시기 받는 게 두렵다는 감정은 집단에 도움이 된다고 결론지었다.

시기라는 감정은 언뜻 보면 인간관계를 해치는 것으로 보이지만, 시기심이 인간관계에 긍정적인 기능을 하고 있다는 것을 새삼 깨닫게 되었다. 덕분에 마음의 안녕과 상대와의 관계를 양립하는 지혜도 얻게 되었다.

만일 그렇다면 지금까지 경험하지 못한 자연재해와 경제적 변동이 휘몰아치는 이 시대에 더 시기라는 감정을 긍정적으로 활용해야 하지 않을까. 자연환경과 사회적 변화에 따라, 인간 사이에 다양한 격차가 발생하고 나아가 누군가를 배척하려는 마음도 생겨나기 때문이다.

시기심도 인간의 여러 마음 중 하나일 뿐이다. 시기하고 시기 받는 당사자들 각자의 처지를 이해한다면 불필요한 다툼이나 대립을 사전에 방지할 수 있다.

이러한 인간에 대한 이해는 하루 대부분을 지내는 직장에 꼭 맞고 구체적이며 효과적인 대책이나 아이디어를 떠올릴 가능성을 크게 해준다.

개인뿐 아니라 타인과의 관계, 사회나 조직에 있는 부정적인 상황을 긍정적으로 바꾸어간다는 명제를 실현하고 싶다면 언제든 자신만이라도 친절하고 너그러워지려는 강인함을 소중히 여기길 바란다. 내가 먼저 친절하고 너그러워지려는 마음, 흔들리지 않는 다짐이 중요하다.

중요 포인트

- 인간은 감정에 휘둘리고 비합리적인 행동을 한다. 그중에서도 '시기심이라는 감정'은 사람을 파괴적인 행동으로 몰아넣는 힘이 있다.

- 시기심이 큰 사람은 자신의 목표를 높게 설정하고 목표를 향해 돌진하는 타입이다.

- 리더라는 위치에서 봤을 때, 조건만 갖춰진다면 시기심이 있는 구성원은 팀의 기폭제가 될 수 있다.

- 특히 '시기하는 사람'과 '시기 받는 사람'이 손을 잡았을 때, '시기하는 사람'의 퍼포먼스가 크게 향상하며, 관계성이 더 나아질 기회가 생긴다.

Part

02

조직을 망치는 원흉 2: 인간관계

어떻게 '팀원 간의 온도 차'를 극복할 것인가?

'조직을 끌고 가기 힘들다'

조직에서 무언가를 보고 느꼈을 때 이런 말이 여기저기서 튀어나온다. 아마도 대부분은 구성원의 사기와 연관이 있을 것이다.

조직 내 모든 구성원의 사기가 저하되었다기보다, 사기가 충만한 사람들과 그렇지 않은 사람들 사이에 존재하는 '온도 차'가 느껴졌기 때문이 아닐까. 온도 차가 있는 집단을 끌고 하나의 목표를 향해 가기란 쉽지 않다.

사실, 팀에서 온도 차가 발생하는 가장 큰 요인은 상사와 부하직원의 인간관계에 있다.

2장에서는 조직심리학의 관점에서 온도 차가 생겨나는 원인과 이를 극복하고 팀 전체의 사기를 높여가는 방법을 찾아보자.

'팀 내 온도 차'의 정체,
리더를 고민에 빠뜨리는 두 가지 불균형

팀장과 팀원의 관계는 첫 만남에서 결정

조직심리학에서는 상사와 부하직원의 관계를 '자원의 교환'이라는 관점에서 실마리를 풀어간다. 여기에서 말하는 '자원'에는 물질적 자원과 심리 및 사회적 자원까지 포함된다.

상사가 부하직원에게 줄 수 있는 자원에는 승진, 승격, 정보, 프로젝트, 교육 프로그램 참가 기회, 신뢰 등이 있다. 반대로 부하직원이 상사에게 주는 자원도 있다. 성과, 영업실적, 업무시간 외 노동, 의욕, 존경심, 호감 등이다.

상사와 부하직원은 첫 만남에서부터 자원을 교환하기 시작하여 비교적 빠르게 관계성이 형성되고 점차 안정된다.

상사와 부하직원 간의 관계성을 증명한 매우 흥미로운 심리학 연구 세 가지를 소개한다.

1) 부하직원에게 '10분간의 잡담'

필자가 소속된 연구팀에서 실시한 실험이다.[14]

직장을 시뮬레이션하여 처음 대면한 상사와 부하직원을 함께 일하게 한다.

상사 역할을 맡은 사회인 도우미는 부하직원을 감독하고 지시한다. 부하직원 역할을 맡은 학생들에게는 사전에 '지금 눈앞에 있는 상사와 앞으로 함께 일하게 된다'라고 알려줬다.

작업에 앞서 학생들을 조건이 서로 다른 두 그룹으로 나누었다.

한 조건에서는 상사와 부하직원이 가끔 대화를 나눈다. '최근에 상당히 추워졌지?' '요즘 어때?'처럼 일상적인 이야기다. 다른 조건에서는 상사가 컴퓨터 앞에 앉아서 바쁜 척하고 부하직원이 말을 걸어도 '예' '아니오'처럼 단답형으로 대답만 한다.

이후 부하직원 역할을 한 학생들에게 상사와 어느 정도 관계가 맺어졌는지를 측정하기 위해, '함께 일하기에 좋은 사이가 되었다고 생각하는가?' '함께 즐겁게 일할 수 있는가?' '성격이 잘 맞는가?' 등을 질문했다.

그 결과, 무뚝뚝했던 상사보다 일상 대화를 나눈 상사가 통계적으로 봐도 유의미할 정도로 높은 평가를 받았다.

이렇게 상사에 대한 평가에 차이를 발생시킨 시간은 놀랍게도 고작 10분간이었다. 사실 이 실험에는 속편이 있는데, 3장에서 소개한다.

2) 상사에게 '신입사원의 첫인상'이란

이와 관련한 초창기 연구에서 경영학자 라이덴과 공동 연구자들은 기업에서 일하는 직장인들을 대상으로 설문 조사를 했다.[15]

이 설문 조사에서 상사가 신입사원에게 기대와 호의를 갖고 자기와 유사점이 있다고 인식하면 2주일 후에 더욱 돈독한 사이로 발전한다는 것이 밝혀졌다.

1번의 실험과 마찬가지로, 상사에게도 부하직원의 첫인상은 향후 인간관계에 큰 영향을 미친다는 결론이 도출되었다.

3) 관계성은 만나고 얼마 안 되어 결정

다음으로, 대학생을 대상으로 한 실험 조사를 보면 시간의 경과와 함께 발전하는 관계성의 과정이 흥미롭게 그려졌다.[16]

이 실험에서는 한 팀을 대략 학부생 다섯 명으로 구성했다.

대학원생들은 각 팀의 리더가 되어 구성원인 학부생들을 평가하고 피드백하는 역할을 맡았다. 이들에게는 팀별 과제가 주어졌는데, 분산 동적 의사결정이라고 부르는 컴퓨터 시뮬레이션이다. 시시각각으로 변하는 국면 속에서 규제지역을 지키기 위해 협동하는 과제다.

결과는 이랬다. 만나고 얼마 지나지 않은 리더와 각 구성원은 각각 고유의 관계성이 형성되었고, 8주 정도 지나면서 차츰 안정화되었으며 리더도 구성원도 비슷하게 인식하고 평가했다.

위 세 가지 실험 중 어느 결과를 봐도, 관계성 형성에 걸리는 시간은 근속(예정)기간이나 상사와 함께 일한 기간에 비해 매우 짧았다. 이렇게 짧게 지나가는 첫 만남은 일하기 편안한 직장환경을 만들고 원만한 인간관계를 맺는 데 매우 중요한 시기이므로 초기 투자를 아껴서는 안 된다.

[온도 차의 정체 1] 인간관계의 불균형

앞선 대학생들의 조사 결과에서처럼, 상사와 부하직원은 만나자마자 자원을 교환하기 시작하여 눈에 보이지 않는 정보도 감지하면서 직장에서 다양한 관계성의 질을 완성해간다.

이러한 자원은 사람마다 다르므로, 열 명이 있으면 열 가지의 각기 다른 영향력이 있고, 백 명이 있으면 백 가지 관계성이 존재한다.

이렇게 관계성을 형성하는 과정도 일정한 시간이 지나면 안정된다. 대부분 '저 상사는 이 부하직원 일이라면 뭐든 알고 있다'처럼 능력이나 성격에 관한 정보를 바탕으로 관계성이 안착한다.

소수에게는 마치 자기 분신이라도 되듯이 서로를 잘 알고 공감하는 정서적으로도 안정된 관계성이 형성된다. 관계성을 형성하는 일은 어렵다. 그러나 일단 일정한 수준으로 형성되면 상대의 행동이나 생각을 짐작하게 된다.

초기 투자로 이런 관계를 형성해 놓으면 다음부터는 큰 부담 없이 적절하게 대처할 수 있다.

다만 이것만은 주의하자. 이렇게 형성된 인간관계의 질적 농도 차이는 한 직장을 갈라치기하며 우리 한 사람 한 사람의 업무 인생을 좌우할 수도 있다.

리더와 친밀하면서 가까운 부하직원은 내집단으로, 그 외에 같은 팀의 구성원이면서 가깝지 않은 부하직원은 외집단으로 구분된다.

관계성의 질이 높으며 내집단에 있어 상사와 사이가 좋은 부하직원은 그렇지 않은 부하직원에 비해 객관적인 퍼포먼스와 평가가 높고 경력도 순탄하게 쌓는다.

또 업무 만족감과 조직 공헌도도 높은 편이다. 상사와 관계성이 잘 형성된 부하직원은 자신에게 어떤 일이 맡겨질 것인지, 어떤 역할을 해야 하는지 스스로 명확하게 인식하고 있기 때문이다.

반면에, 외집단에 있는 부하직원은 내집단에 있는 부하직원보다 업무 만족도나 조직 공헌도 면에서 수준이 낮다. 이러한 관계의 불균형이 온도 차를 발생시킨다.

인간관계야말로 인생의 질을 결정

하버드 대학의 '그랜트 연구'는 주변 사람들과 원만하게 지내는 일이 인생에서 얼마나 중요한지, 설득력 강한 증거를 제공한다.[17] 그랜트 연구는 인생에 관한 가장 긴 연구로, 1938년 보스턴에서 시작하여 현재까지도 그 대상을 확대하며 연구가 진행 중에 있다.

이 연구에서는 대상자들을 두 그룹으로 나누어 생활상을 상세히 기록했다.

한 그룹은 하버드 대학 졸업생으로 재학시절부터 연구에 협력하여 도중에 제2차대전, 징병 등을 경험했다.

다른 그룹은 보스턴에서 가장 가난한 지역에 사는 소년들로 가난하고 문제가 많은 빈곤 가정 출신 중에서 조사 협력 대상자를 선택했다.

각 그룹이 10대부터 노년까지 경험한 삶— 결혼과 육아와 같은 라이프 이벤트, 노후, 나아가서 전쟁과 재해까지 다양한 생활 기록을 추적한 귀중한 자료들이다.

그 안에는 대상자와 그 가족의 인터뷰, 의료기록, 혈액 표본, 뇌스캔, 사회적 및 경제적 상황, 가족사와 같은 모든 데이터가 축적되어 있다. 이들의 방대한 자료에서 연구자들은 사람이 행복하고 건강하게 지내는 데 무엇이 가장 중요한지 발견하고자 했다.

이 데이터는 우리에게 행복하고 건강하게 살아가려면 주변 사람들과 인정 넘치는 인간관계와 유대감이 필요하다고 결론짓고 있다.

인생에서 귀중한 시간 대부분을 보내는 직장에서 맺는 업무상 관계 역시 중요한 요소다. 그게 상사든 부하직원이든 상대와 맺는 관계의 질이 자신의 건강과 행복을 결정한다.

[온도 차의 정체 2] 동기부여의 불균형

동기부여란, 행동하게 만드는 프로세스를 말한다. 행동은 조직 퍼포먼스에 직접적인 영향을 미치기 때문에 더욱 그 원천에 있는 동기부여에 우리는 늘 관심이 많다.

또한 같은 부하직원이라고 해도 동기부여에는 차이가 있으며 언제든 차이가 벌어질 수 있다는 점을 염두에 두어야 한다. 동기부여는 부하직원들 사이에서도 유동적이며 조직 안팎의 자극에 크게 영향을 받기 때문이다.

동기부여에는 내발적 동기부여와 외발적 동기부여가 있다. 내발적 동기부여는 보람이나 성취감을 얻고자 자기가 스스로 원해서 하는 활동이고, 외발적 동기부여는 칭찬이나 보상을 받고 싶어 하는 활동이다.

내발적 동기부여를 가진 사람은 자기가 맡을 과제에 관심도 많고 자신만만하며 향상심이 큰 타입으로 주변의 도움이 없어도 알아서 척척 행동한다.

다만, 조직에는 '의지가 강한 사람'만 모이지 않는다. 조직 안에서는 자기 의지를 관철하기 힘든 상황도 예기치 않게 생기고, 또 원하는 업무나 자신 있는 분야만 고집할 수 없는 경우도 있다. 언제든 팀 내에서 동기부여의 불균형이 생길 수 있다.

특히 운동선수였던 사람은 경험했을 것이다. 합숙을 하게 되면 매우 힘든 훈련을 반복하기 때문에 합숙이라는 생각만 해도 벌써 지긋지긋하지 않을까 싶다. 그러면 아무리 훈련이래도 도망치고만 싶다.

이렇게 마음속에서는 이미 제동이 걸렸는데도 어느 틈엔가 훈련에 열중하고 있는 자신을 발견한다. 인간이란 참으로 불가사의하다. 이는 코치진과 동료 등 주변의 영향력, 즉 외부의 힘에 의한 행동이다.

팀 전체의 분위기와 규범이 동기부여에 영향을 준다. 어쩌면 팀 이외에 가족이나 연고지 팬 등으로부터 받는 영향도 있을지 모른다. 이렇게 내발적 동기부여에 외발적 동기부여가 주는 자극이 더해져서 구성원의 행동을 끌어낸다.

팀 퍼포먼스를 높이려면 구성원 한 사람 한 사람의 의지에만 기댈 게 아니라 '구성원 서로가 자극을 주고받는 관계성'을 어떻게 만들지 반드시 고민해야 한다.

리더와의 관계성이 구성원의 퍼포먼스를 정한다

리더와 관계성의 질이 좋으면 퍼포먼스의 수준도 높다는 확실한 연구 결과가 있다.

미국의 심리학자 그라엔과 공동 연구자들은 '리더와 구성원 간 인간관계의 질'에 관한 필드 실험에 나섰는데, 이를 계기로 실증연구가 본격화되었다고 해도 과언이 아니다.[18]

이 연구는 미국 중서부에 있는 정부 군사시설에서 일하는 직원, 거의 여성이고 같은 업무에 종사하는 사람들을 대상으로 진행되었다.

조건은 다음 네 가지다.

[조건 1]은 직무 디자인 훈련 조건이다.

훈련은 세미나 형식으로 이뤄졌다. 강의와 직무 상황의 변경, 문제점 등을 토의형식으로 구성하여 6주간 실시하였다.

[조건 2]는 리더와 구성원 간의 관계성을 주제로 한 리더십 훈련 조건이다.

이 조건에서는 적극적으로 경청하는 기술을 연마하고 상사와 부하직원이 서로 이해하고 지원하는 관계성 구축에 주안점을 두었다.

조건 2에 해당한 사람들은 강의와 현장 사례를 바탕으로 토의, 역할극 등으로 구성된 프로그램을 6주간 실시하였다.

[조건 3]은 위의 조건 1과 2의 직무 디자인 훈련과 리더십 훈련을 재구성한 혼합조건이다.

[조건 4]는 성과평가와 의사결정 소통에 관한 일반적 정보를 제공하는 통제조건이다.

각 조건에 해당하는 대상자들에게 직무 태도와 만족감, 관계성의 질에 관해 질문했다.
결과적으로, 그 어떤 지표를 봐도 [조건 2]의 리더십 훈련 조건에서 효과가 가장 긍정적이었다.
이 연구가 상사와 부하직원 간 관계성의 질이 높을수록 조직이나 팀 운영에도 효과가 있다는 것을 제시한 최초의 견해라고들 한다.
이후 연구에서도 보면 상사와 부하직원 간 관계성의 질은 모든 변수— 퍼포먼스와 협력, 직무나 상사에 대한 만족감, 조직에 대한 귀속감, 이직 등과 유의미할 정도로 깊은 연관성이 있다고 인정받았다.

온도 차를 극복하는 행동 1.
아침 인사의 힘

다만, 이쯤에서 의문 하나가 떠오른다. 리더가 팀원 한 사람 한 사람을 평등하게 대하여 조직 내에서 온도 차가 생기지 않게 할 수 있느냐는 것이다.

이 질문에 대해서는 직장 내 관계성에 관심이 있는 연구자들 사이에서도 의견이 분분하다. 모든 팀원과 질 높은 관계성을 구축하는 게 가능하다는 연구자도 있고, 불가능하다는 연구자도 있다.

참고로, 불가능하다는 주장에는 관계성의 질이 꼭 균일하지 않아도 된다는 견해가 포함되어 있다.

단, 이 책에서는 가능하다는 것을 '목표'로 삼고자 한다.

물론 상사라면 누구나 업무능력이 뛰어난 사람에게 의지하고 싶기 마련이다. 이 방법은 실제로도 단기적인 효과가 확실하다. 더욱이 직장 내에서 서로 적절하게 상부상조하며 경쟁하는 등 내부적으로 균형을 이루고 있는 것은 관계성에 어느 정도 불균형이 있기 때문이다. 그렇다면 더욱 현장의 목소리에 귀 기울이고 관계의 불균형을 활용한 운영법도 알아야 하지 않을까.

직장 내 관계성이 다 같을 수는 없고 개개인의 심리상태도 모두 다르다. 그런데도 팀이 하나가 되어 힘을 발휘하는 데 크게 문제 되지 않는다면 바로 이 점에 주목해야 하지 않을까.

개인과 조직이 지금보다 발전하려면 조직 운영에 불균형한 관계성을 어떻게 접목할 것인지 고민해야 한다.

꼭 필요한 비용, 소통

직장에서 의사소통은 꼭 지출해야 하는 비용이다.

"그때 더 확인했어야 했어. 연락했어야 했는데."

우리는 왜 이렇게 매번 후회하는 걸까.

대답은 매우 간단하다.

귀찮아서다.

나와 상대의 시간, 서로의 스케줄 조정, 만날 장소 정하기, 대화 자체에 쓰는 에너지 등 모두가 비용이다.

속마음을 모르니 말이 잘 통하지 않는 상대, 까다롭기만 한 클레임, 중요성이 인식되지 않는 지시내용에 바쁘기까지 하다면 비용은 더 들어간다.

차라리 내가 하는 편이 낫겠다 싶은 마음마저 든다.

조직을 이루는 계층은 때론 거대한 걸림돌이 되기도 한다. 지위에 따라 권력이 부여되는 탓에 아랫사람으로서는 선뜻 말을 꺼내기 어려워진다. 그렇다고 '수평적 구조'를 만들자니 역시 쉽지 않다. 조직을 효율적으로 운영하려면 관점이 서로 다른 지위와 역할도 필요하다. 대등한 관계끼리 있으면 서로 양보하는 바람에 잘 풀리지 않는 문제도 지위고하가 분명할 때는 순탄하게 최종 의사결정을 내릴 수 있어서다. 동시에 책임 소재도 분명해지는 측면도 있다.

상사라는 지위를 활용하되, 아랫사람이 '쭈뼛대고 말해서 무능하게 보이지 않았을까' '내 이야기를 관심있게 들어주면 좋으련만'이라고 아쉬워하지 않게, 먼저 기회를 주자.

지금 여러분이 실천하고 있는 소통 방법 중에서, 어디를 보강하면 투자 수익률이 높아질지 꼭 한번 찾아보시라.

한 기업의 아침 풍경

한 회사에 공장이 두 곳 있는데, 각각 백여 명의 사원이 근무하고 있다. 한 곳에서는 정신 건강상 문제를 호소하는 직원이 여러 명 있는 데 반해, 다른 곳에서는 단 한 명도 없다.

도대체 어떤 차이가 있는 걸까.

인사담당자의 말을 들어보니, 정신 건강에 문제가 없다는 공장에서는 공장장이 매일 아침 사원 한 사람 한 사람에게 말을 건넨다고 한다. 반면 직원들의 정신 건강 문제가 종종 발생한 공장에서는 이러한 아침 풍경이 없었는데, 이 차이가 일하는 사람 심리에까지 영향을 준 걸까.

매일 아침 백여 명이라…… 솔직히 엄두가 나지 않지만, 아무리 조직이 커져도 현장 리더를 통해 직원들의 건강을 지킬 방법이 있다는 뜻이다.

이렇게 매일 아침 공장장이 사원들에게 건넨 인사는 비용이 아니라 필요한 일이다. 사원 한 사람 한 사람의 건강을 챙기고, 나아가 예기치 못한 사고를 막는 데도 도움을 주므로 반드시 눈여겨봐야 할 부분이다.

직장에서 건강을 지키는 아침 한 마디

2010년 일본 후생노동성에서 실시한 조사에 따르면 정신 건강 문제로 발생하는 경제적 손실 추산액은 연간 약 2.7조 엔이나 되었다.[19]

만약 자살이나 우울증이 없어진다면 계산상 2010년도 일본의 국내총생산(GDP)은 약 1.7조 엔이나 올라갈 수 있었다.

결코 일본만의 일이 아니다. 정신 건강은 직장 생산성을 좌우하므로 투자를 아껴서는 안 된다. 적어도 리더가 아침에 시간을 투자한 공장에서는 손실을 사전에 방지하는 데 성공했으니 말이다.

누가 시키지 않아도 리더가 나서서 사원들에게 인사하겠다고 기다리고 있는데, 아무 감정도 못 느끼는 사람이 과연 있을까. 이렇게 별 특별하지 않은 시도가 조직에 크게 공헌할 때도 있다.

이 공장의 아침 인사도 그렇다. 길어야 '좋은 아침입니다' 정도의 한마디였을 것이다. 하지만 그 한마디가 필요한 말이라면 좋은 결과를 낳는다.

이렇게 매일 아침 사원들과 인사를 나누다 보면 사원들의 안색과 목소리 톤, 걸음걸이 특징을 알게 된다. 갈수록 개개인의 변화도 알아차리게 되고 무슨 일이 있을 때 현장에서 재빠르게 대처할 수 있다.

모든 사원과 마주한다는 건 바로 이런 모습이 아닐까.

사실, 인사에 담긴 기능은 너무 당연해서 간략하게 설명하고 넘어가곤 한다. 하지만 인사라는 예절에는 조직을 안정시키는 세 가지 중요한 기능이 있다.

현장 조사 후 피드백을 위해 다시 방문했을 때, 간혹 '그러고 보니, 저 직장에서는 인사하는 사람이 별로 없었던 것 같다'라는 말을 듣기도 한다.

상황이 썩 좋지 않은 현장에서는 서로 인사를 잘 나누지 않다 보니 분위기가 무겁다. 분위기가 무거우니 큰 소리로 인사하기가 쉽지 않은 악순환에 빠진다.

우선, 인사에는 소통의 시작이라는 기능이 있다. '안녕하세요'라는 한 마디가 오늘 하루 무슨 일이 생길까, 혹여 직장에서 큰 실수를 하진 않을까 하는 불안감과 경계심을 누그러뜨린다.

두 번째로 친근감을 나타낸다. 누군가가 건넨 '수고했어요!'라는 한 마디는 그 말을 한 사람과 교감했다는 감각을 느끼게 해준다. 이 팀의 일원이구나, 하고 느껴지는 순간이다. 이러한 심리적 안정감을 상사가 마련해준다면 부하직원과의 거리는 한 발짝 더 좁혀질 것이다.

마지막 세 번째로 인사에는 각자의 위치와 서로에 대한 존경심을 확인해주는 기능이 있다.

이러한 내용을 경험적으로 알고 있어서 우리는 상대에 따라 인사 방식을 바꾼다.

이국땅 아침에 탄생한 교감

더욱 단적으로 표현해보자면 아침 인사는 살아가는 방식이기도 하다.

필자가 잠시 외국에서 생활했을 때다. 정열의 나라 스페인에서 앞으로 7개월간 잘 지내보자 결심했지만, 첫날부터 혼란에 빠졌다.

치명적인 준비 부족이랄까, 생각만큼 영어가 통하지 않았다. 구시가지에 있는 숙소 직원들도 그렇고 주변 사람들도 스페인어밖에 할 줄 몰랐다.

현지인들과 어울릴 수 있는 유일한 수단은 "올라(¡Hola)!"라는 아침 인사밖에 없었다. 목구멍이 포도청이라고 했던가, 스페인에서 가장 대중적인 커피 메뉴인 카페 콘 레체 한잔을 마시기 위해 나는 매일 아침 인사를 거르지 않았다.

말이 통한다는 게 얼마나 감사한 일인지 절감하는 한편, 내심 말이 서로 통해서 느꼈던 속박에서 해방되는 느낌도 있었다. 그래서였을까, "올라(¡Hola)!"라는 한 마디가 얼마나 소중했는지 모른다. 숙소가 있던 구시가지는 크지 않은 동네로 일본인은 거의 없었는데, 나중에 듣자 하니 활기차게 인사하는 일본인이 있다는 소문까지 났던 모양이다.

덕분에 인사나 겨우 하던 일본인에게 스페인어를 가르쳐주는 청소 아주머니도 바텐더도 속속 등장했다. 시장 상인 부부는 매번 덤을 줬다. 한번은 조금 위험한 일을 당할 뻔했는데 자주 가던 바의 직원이 도와줘서 모면할 수 있었다.

이렇게 갓 배운 스페인어는 직장 동료들과 아침 식사할 때 윤활유가 되어주었다. 단 한마디였지만, 그 말 덕분에 타인과 교류하고 일하는 것이 훨씬 수월해졌다. 그 말을 서로 나누었을 때 조성되는 분위기는 마음을 편안하게 하고 매사를 긍정적으로 보게 만든다.

미야자키 하야오 감독은 한 다큐멘터리에서 이렇게 말했다.
"세상일이란 게 귀찮다고 생각하면 다 귀찮은 거지"
귀찮기도 하고 대충 넘겨도 될만한 일에도 진심으로 대하려는 마음이 생겼을 때, 조직에도 무언가 움직임이 생길 것이다.

온도 차를 극복하는 행동 2.
모두가 한 방향으로

성과를 내는 팀일수록 슬로건에 신경 쓴다

'힘의 합성과 분해'와 똑같은 원리로 팀도 힘을 발휘한다. 한 사람 한 사람이 발휘하는 힘의 방향을 맞추면 팀은 더욱 큰 힘을 낼 수 있다. 그런데 추진력이 서로 다른 방향을 향하면 힘이 어긋나거나 빗나가는 바람에 아무리 큰 힘도 반감되어 버린다.

매일 업무에 매몰되면 업무 방향성이 처음 목적과 목표에서 벗어나기도 하고, 고의는 아니겠지만 가끔 까먹기도 한다. 이것이 일상이기에 더욱 단계마다 시간을 두고 확인하는 게 좋다. 잠시 멈춰서 돌아보기만 해도 궤도에서 벗어난 방향성을 수정할 수 있다. 방향성이 맞는다면 말은 오해 없이 순조롭게 흘러간다.

예를 들면 대개의 대학 운동팀에서는 주장과 부주장 등 간부 선수가 중심이 되어 목표와 슬로건에 열중한다. 안타깝지만, 열심히 머리를 맞대고 고민하여 멋진 슬로건을 완성했다고 해서 당장 시합에 나가 이긴다는 보장도 없다.

이제 갓 입단한 1학년 신입생들이 알아듣느냐 하면 그렇지도 않다. 그러나 최강팀이거나 성장 중인 팀은 자신들이 내건 슬로건을 토대로 매일 연습에 끈질기게 매달린다. 한층 더 강한 팀, 졸업 후에도 폭넓게 활약하는 선수를 배출하는 팀에서는 슬로건과 거기에 담긴 뜻을 언제나 즐겨 사용한다.

이렇게 열심히 매달린 끝에 과연 무엇이 있을까. 그 '무엇'을 위해 슬로건을 떠올리며 연습한다는 의미가 부여되었을 때, 사람이나 조직은 한 발 더 전진하게 된다.

일본항공(JAL)의 철학

기업도 마찬가지다.

일본항공(JAL)은 2010년 경영파탄으로 기업회생 절차를 밟아야 하는 사태에 이르렀다. 부채총액은 약 2.3조 엔으로 기업으로서는 2차대전 이후 최대 규모의 파탄이었다.

그리고 2년 후, '사상 최대 순이익'을 기록할 정도로 극적인 V자 회복을 이뤄냈다. 종업원 규모가 수만 명이나 되는 대조직이 단기간에 성과를 올린 집단으로 변모한 것이다. 여기에는 'JAL의 철학'이라고 부르는 새로운 경영이념이 크게 작용했는데, 파탄 후 새롭게 명문화한 것이다.

필자가 속한 프로젝트팀에서는 일본항공에 근무하는 사원을 대상으로 경영파탄 전과 후의 직장 분위기를 설문 조사한 적이 있다. 직원들의 대답을 질적으로 분석해보니, 경영파탄 전보다 일체감을 느끼며 능동적으로 일하는 직장이 되었다는 것을 알게 됐다.[20]

다른 프로젝트팀에서 진행한 사원 인터뷰에서는 JAL의 철학이 만들어지기 전과 후를 다음처럼 이야기했다.

"JAL의 철학이 만들어지기 전에는 대개 매뉴얼을 토대로 원칙론에 따라 의사결정이 이루어졌다. 새로운 계획이나 정책을 상사나 주변 동료들이 긍정적으로 검토해주지 않는 일도 종종 있었다. 결과적으로 개개인의 사고방식이나 생각이 다르다 보니, 방향성이 안 맞는다는 느낌도 받았다.

그러나 철학이 침투하면서 달라졌다. 과감하게 도전하라, 늘 밝고 능동적으로 행동하라, 인간으로서 무엇이 옳은지 스스로 판단하라는 지침이 만들어졌고 기업이념을 실현하기 위해 다방면으로 일이 진행되었다. 그러자 나 자신도 방향성에 맞추게 되었다."

현장에서 비전과 목표를 직장 구석구석까지 침투시켜 하나의 팀을 만들기란 무척 어렵다. 일본항공처럼 종업원 수가 수만 명 규모인 대기업이라면 더욱 그렇다.

"지금도 매년 두 번씩 철학 교육을 하고 있습니다. 처음에는 사원들 사이에 반발도 있었습니다. 그중에는 과격한 의견도 있었죠. 설문 조사도 했었는데, 이런 게 과연 의미가 있느냐는 의견도 있었습니다.
이랬던 분들이 3년쯤 지나자, 교육내용을 마음에 들어 하더라고요. 사람에 따라 빠르고 늦는 정도의 차이야 있겠지만 생각은 바뀌기 마련입니다."

비전을 알리고자 꼼수를 쓰지 않고 꾸준히 교육한 일본항공의 노력이 전해지는 것 같다.

구성원에게 '대의명분'을

구성원이 깊이 이해하고 비전이 명확할수록 팀이 강해진다는데, 이유가 무엇일까? 비전이 마음에 미치는 효용은 다음의 3단계로 설명할 수 있다.[21]

제1단계 **마음의 준비**
이것으로 충분하다, 이것이 내가 믿는 것이다, 이렇게 확신한다면 '해보자' 하고 마음의 준비를 다지게 된다. 이른바 자가 발전, 즉 내발적 동기부여를 위해 에너지를 충전하는 단계다.

제2단계 비전에 대한 확신

비전을 확실하게 이해한 사람은 자발적으로 움직인다. 승리를 위해 필요하다면 누가 뭐라지 않아도 알아서 나선다. 간부들의 마음가짐이나 구성원들이 그리는 가까운 미래의 모습은 모두 활동하는 데 큰 의미가 있다.

운동팀을 예로 들어보자. 벤치에서 동료를 응원하는 선수들에까지 팀의 비전이 확실하게 자리 잡고 있다면 선수들은 단조롭고 고된 훈련에 불만을 토로하지 않는다. 훈련에 전념한 효과가 자기 능력과 팀의 패스 성공률이라는 숫자로 피드백되면 비전은 더욱 굳건한 신념으로 자리 잡는다.

명확한 목표를 달성하려는 열정은 집념이라고 불러도 될 만큼 단단해져 간다.

제3단계 소통의 질적 향상

비전을 공유하는 팀은 거침없고 빠르며 정확하게 소통한다. 설령 신경을 거스르는 정보라고 해도 그렇다.

조직에는 대의명분이 필요하다. 간혹 판단하기 어려워 멈칫하게 될 때, 대의명분은 우리를 가야 할 길로 이끄는 정신적 등대가 되어준다. 또한 의견을 내야 할 때도 방패가 되어준다.

개인이 수긍하고 안심하여 동료와 함께 조직에 어우러지는 것, 그것이 소통이 잘 되는 직장으로 변모해가는 과정이다.

'초우량기업은 무엇보다 기본에 가장 충실하다'라는 말이 있다.[22]

소통을 비용으로 치부하지 않는 환경, 구성원들의 관계성, 흔들리지 않는 마음, '비전에서 벗어나지 않는' 꾸준한 교류.

이것이 팀의 방향성을 하나로 맞추기 위해, 리더는 물론 구성원들도 늘 염두에 두고 실천해야 하는 것들이다.

온도 차를 극복하는 행동 3.
정보 공유를 다시 보자

정보 공유는 최소한의 소통

개인이든 팀이든 사기를 높이거나 낮추는 데 의사소통이 큰 역할을 한다는 의견에 반대할 사람은 없다. 이렇게까지 끈질기게 추구하는 주제가 또 있을까 싶다.

소통은 일상에서 모든 사람이 당연히 하는 일이라, 일일이 되돌아보지도 않을뿐더러, 스스로 잘하고 있다는 착각에 빠져 있을 가능성이 크다.[23]

그 증거로 조직이나 팀에 사고가 터지거나 문제점이 생겼을 때 다음처럼 원인을 분석한 보고서도 있다.

"소통을 더 했었더라면"

"담당자끼리 더 꼼꼼히 확인해두었더라면"

그러나 우리는 이렇게 냉정하게 스스로 직시하기 전까지 이 '더'를 하려 들지 않는다. 그렇다면 도대체 '더'는 뭘 가리키는 걸까?

의사소통에는 그저 정보를 공유하는 역할만 있는 게 아니다. 만일 상대와 내가 같은 동기부여가 되어 있다면 정보를 공유하는 정도의 의사소통은 문제가 되지 않는다.

그러나 현실에서는 동기부여의 정도가 서로 다른 사람들이 모여서 조직을 이룬다. 그러므로 정보공유는 어디까지나 최소한으로 필요한 소통일 뿐, 충분하지는 않다. 그래서 '온도 차를 극복하는' 소통이 중요하다.

사람의 동기부여가 외적인 요소에 크게 좌우되듯이, 구성원의 퍼포먼스도 소통 여부에 따라 크게 달라진다. 같은 정보, 같은 말이라도 누가, 언제, 무슨 내용을 전달하느냐에 따라, 상대가 받는 강도도 다르다.

'정보' + '열정'을 공유한다면

소통은 '열전도'다. 겨울에 악수하면 상대의 손이 얼마나 따뜻한지, 내 손은 또 얼마나 차가운지 느낄 수 있다. 잠시 상대의 손을 잡고 있노라면 손의 온기가 상대와 조금씩 비슷해지는 게 느껴진다. 악수하듯이 상대의 존재를 인식하며 서로의 온기를 전하는 것, 그것이 소통이다.

이렇게 생겨난 관계성에 따라 소통이 활성화되기도 하고 억제되기도 한다. 서로의 온기가 비슷해질 때까지 열이 전도되어야 비로소 소통했다고 할 수 있다. 이때가 바로 정보가 공유된 상태다.

이렇게 되기까지는 일정한 시간이 필요하다. 팀에는 정보가 많은 사람도 있고 적은 사람도 있기 때문이다. 기량과 기술이 뛰어나고 경험이 많은 베테랑이 있으면 아마추어도 있다. 희망으로 가득한 사람도 있고, 불안한 마음으로 업무와 마주하는 사람도 있다.

이처럼 직장은 처음부터 온도 차가 생길 요인이 잠재된 사람들이 모인 곳이다. 단순히 말 몇 마디 나눴다고 해서 소통을 했다고 할 수 없다. 물론 악수를 했는지도 모른다. 어쩌면 대화도 했을 것이다.

그때, 상대의 온기가 느껴졌는가. 만약 상대의 손이 너무 차갑거나 얼어 있는 이른 아침이라면 잠시 손을 잡고 악수했다고 온기가 전달되지는 않을 것이다.

나와 의견이 정반대인 사람과 대화하거나 교섭해야 하는 장면이 바로 그렇다. 같은 시간, 같은 테이블에 마주 앉아서 서로의 말을 어떻게 들을 것인가. 상대에게 공감하며 희로애락을 나누려는 마음이 있는지도 모르면서 과연 소통할 수 있을까.

정보 공유의 함정 두 가지

리더라면 불투명한 미래를 앞에 두고 정답이 모호한 과제에도 의사결정을 내려야 한다. 맞는지 틀리는지 몰라도, 당시의 결정이 최선이었다고 믿고 나아가려면 팀의 방향성이 같다는 대전제가 필요하다.

그러니 의사결정과 방향성에 맞춰 정보를 공유하는 게 얼마나 중요한지 두말할 필요가 있을까. 다만 여기에는 조심해야 할 함정이 두 가지 있다.

첫 번째 함정 '정보가 충분하지 않다'라는 착각

우선, 직무를 수행하는 데 정보가 많은 것이 전부는 아니다. 현대에는 정보가 넘쳐난다. 이렇게 방대한 정보의 양에 익숙해지면 우리는 늘 정보가 부족할지도 모른다는 불안에 휩싸인다.

문제를 해결하기 위한 정보는 이미 손안에 있는데, 부족하다는 생각에 밖으로 찾아다니기 바쁘다.

'아직도 부족한 것 같아.'

'필요한 정보가 더 있는 게 아닐까?'

이러한 현상은 한 비즈니스 게임을 하고 있을 때 관찰된다.

게임에서 팀의 구성원은 각각 정보 카드를 들고 있다. 카드에 담긴 단편적이고 서로 다르게 표현된 정보를 말로 전달하며 하나의 지도를 완성해간다. 하지만 팀 안에서 정보를 충분히 검토하면 정답을 끌어낼 수 있는데도, 정보가 부족하다는 착각 때문에 지도를 완성하지 못한다.

나아가 과제를 풀지 못하고 시간이 지체되면 구성원들 마음속에는 애초에 풀지 못하는 문제가 아니었냐는 의심이 생겨나기 시작한다. 답은 구성원들이 다 들고 있는데도 말이다.

두 번째 함정 '나는 전했다'라는 기정사실 만들기

이 밖에도 정보공유의 문제점에는 모든 정보를 구별하지 않고 흘려보내는 현상이 있다.

예를 들면 직장에서 정보를 잘못 전달하거나, 정보가 부족해진 책임을 회피해보려고 나는 전달했다는 식으로 메일을 보내 기정사실로 만들려 하는 것이다. 이 같은 메일은 수신함에 배달된 순간 이미 수명이 끝난 정보다.

이렇듯 정보의 양만 늘려서는 생산적 활동, 특히 창조적 발상을 낳는 활동을 기대할 수 없다

'단독정보'는 공유되고 있을까?

창조적 활동이나 중요한 의사결정을 추진하려면 어떤 정보를 공유해야 팀 퍼포먼스가 향상되는지, 또 어떤 조건이어야 정보 제공 자체가 활성화되는지 알아두어야 한다.

직장 내 퍼포먼스를 향상하는 데 효과적인 정보 공유 방법에는 크게 두 가지가 있다.

하나는, 정보를 공개하여 공유할 것.

또 하나는, 단독정보를 공유할 것.

경영학자 매그너스와 연구자들은 그때까지 보고된 논문을 수집하여 메타분석했다.[24]

연구 결과, 공개적으로 정보를 공유했을 때 팀이 얼마나 단합을 잘하는지, 얼마나 신뢰하는 관계가 형성되는지가 밝혀졌다.

또 단독정보를 공유했을 때 퍼포먼스 향상에 직접적인 영향이 있었다. 정보가 공개되면 협력적 분위기가 만들어지고 내가 가진 단독정보를 모두와 공유하려는 마음이 생긴다. 그러면 많은 구성원이 단독정보에 접할 기회가 늘어나므로 결과적으로 퍼포먼스는 향상된다.

평이하고 간결한 말이 잘 전달된다

앞으로는 특히 다양해지는 소통 도구들의 특징을 잘 이해하고, 효과적이고 기분 좋게 정보를 공유하는 데 더욱 신경 써야 한다. 아무리 좋은 정보라도 상대가 알아듣지 못하면 모든 활동이 갈 길을 잃는다.

코로나19의 유행으로 많은 조직에서 일시에 원격근무가 확대되었다. 하지만 인터넷 프로그램을 통한 의사소통은 직접 대면할 때와는 분명히 다르다.

사무실에서 시간과 공간을 공유할 때는 생각나면 곧바로 업무협

조가 가능했지만, 메일만으로는 그렇게 못한다. 특히 말의 뉘앙스나 분위기를 글로 전달하는 데는 한계가 있다. 메일이나 메시지가 의사소통의 주요 수단이 되면서 비언어적인 역할이 얼마나 큰지 새삼 깨닫게 된다.

한 임상심리학자로부터 '글을 쓰듯이 말해야 한다'라고 배운 기억이 있다. 앞으로는 글을 쓰고나서 한번 소리 내어 읽어보시라. 그러면 자신이 무슨 말을 하려는지 의미와 톤을 확인할 수 있다. 지금과 같은 비대면 시대에 도움이 될 것이다.

인기 캐릭터 미피 작가로 잘 알려진 딕 브루너는 한 페이지에 네 줄씩 문장이 들어가는 열두 쪽짜리 그림책 한 권을 완성하면서 자기가 쓴 문장을 소리 내어 읽고 소리까지 확인한다고 했다.

이렇게 완성된 그림책은 아이들뿐 아니라 부모들에게도 인정을 받는다. 뜻이 잘 전달되는 평이하고 간단한 말이어서 지금까지도 읽히는 게 아닐까.

온도 차를 극복하는 행동 4.
인간관계의 불균형을 극복하려면

2장의 마지막 주제로 리더와의 인간관계가 원만한 사람과 소원한 사람이 같은 직장에 있을 때 어떻게 이끌어가야 하는지 주의점을 살펴보자.[25]

지금까지의 이야기를 요약하면 리더십의 관점에서도, 정보공유 관점에서도 리더와 자원교환이 원활한 구성원일수록 퍼포먼스가 향상된다는 내용이었다. 다만, 리더가 구성원과의 관계에 적극적일 때 발생하는 두 가지 위험 요소를 알아두어야 한다.

[위험 요소 1] 가까운 거리만큼 커지는 답답함

첫째, 상사와 사이가 좋을수록 답답해질 수 있다.

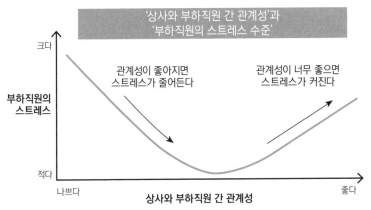

'상사와 부하직원 간 관계성'과
'부하직원의 스트레스 수준'

크다

부하직원의
스트레스

관계성이 좋아지면
스트레스가 줄어든다

관계성이 너무 좋으면
스트레스가 커진다

적다

나쁘다　　　　상사와 부하직원 간 관계성　　　　좋다

Harris & Kacmar(2006)를 바탕으로 수치를 생략하고 작성

건강한 부하직원도 상사의 거듭되는 요구에 어떻게든 대처하려다 보면 스트레스를 받게 된다.

미국의 경영학자 해리스와 카크마르(Kacmar)는 기업 현장을 조사하여 이를 실증해냈다.[26] 그에 따르면 상사와 충분히 자원을 교환하고 사이가 원만한 부하직원은 상사의 기대에 부응하려다가 높은 수준의 스트레스 상태에 빠진다고 한다. 즉 부하직원에게 상사와의 관계성은 좋든 나쁘든 지나치면 정신 건강에 좋지 않다.

업무를 맡겼을 때 기대 이상으로 성과를 내고 무슨 일이든 군소리 없이 받아들이는 부하직원에게 일을 더 맡기고 싶은 게 상사의 인지상정이겠지만, 무슨 일이든 정도가 있는 법이다.

고슴도치 딜레마

아르투르 쇼펜하우어의 저서에 '고슴도치 딜레마'라는 우화가 나온다.[27]

어느 겨울날, 고슴도치 두 마리가 매서운 바람이 불자 서로 꼭 껴안고 추위를 달래보려고 했다.

그런데 몸을 뒤덮은 날카로운 가시가 상대를 찌르는 게 아닌가. 고슴도치들은 이렇게 저렇게 위치를 바꿔가며 서로를 가시로 찌르지 않고 온기를 나눌 수 있는 절묘한 거리를 찾아냈다.

상사와 부하직원의 거리도 이와 같아서 지나치게 가깝다고 다 좋은 건 아니다. 적절한 심리적 거리를 발견하려면 자주 소통하며 서로를 알아가려는 공동작업이 꼭 있어야 한다.

[위험 요소 2] 관계가 서먹한 부하직원이 기가 죽었을 때

또 다른 위험 요소는 상사와의 관계가 원만하지 않은 부하직원의 존재다.

이런 부하직원은 분위기를 험악하게 만들어 주변에서 눈치 보게 하고, 본인도 동기부여나 직무수행에서 제 역량을 발휘하지 못할뿐더러 직장에도 도움이 되지 않는다.

이렇게 직장 분위기를 갉아 먹는 부정적인 분위기를 거둬내고 조금이라도 건설적으로 바꿀 수 있는 조건이 있다면, 비록 심리적 거리는 들쭉날쭉하더라도 조직의 퍼포먼스를 높이는 원동력이 될 것이다.

그렇다면 인간관계는 조금 서먹하더라도 팀 조직력을 방해하지 않는 조건은 무얼까.

바로, 상사와의 관계가 소원한 부하직원이 다음과 같은 감정을 느꼈을 때다.

- '상사의 대응에 차별이 있어도 어쩔 수 없다'라는 일종의 수긍하는 감정
- '내 노력으로 지금보다 관계가 나아질 것'이라는 기대감

우선, 상사의 대응이 부하직원에 따라 다르더라도 '어쩔 수 없다'라면 어떤 경우일까?

'상사란 자고로 어느 부하직원이든 평등하게 대해야 한다'라는 암묵적 약속이 있다고 가정해보자. 그런데 상사가 대우에 차이를 둔다면 이는 원칙을 벗어난 행동이다.

만약 부하직원이 자기의 실적이나 조직 공헌도에 따라 상사로부터 자원을 제공받는다는 규범이 있다고 가정해보자.

그러면 상사가 업무의 중요도나 조직 공헌도에 따라 부하직원을 차별적으로 대하는 것은 생산성을 향상하기 위해 당연한 처사로 누가 봐도 합당한 대응이다. 부하직원도 '어쩔 수 없다'라며 고개

를 끄덕이지 않을까.

오히려 자원교환의 양과 질, 이에 따르는 관계성 정도에 차이가 클수록 상사는 적절히 대응한다고 할 수 있다. 만약 부하직원이 담당한 업무를 더욱 원활하게 진행하는 데 필요한 자원을 상사에게 어느 정도 얻고 싶다면 지금 기가 죽어 있을 때가 아니다.

또 '내 노력으로 지금보다도 관계가 나아질 것'이라고 바라는 건 어떤 상황일까.

예를 들어 신입사원이나 경력직 등으로 갓 입사한 직원들이 상사와 특히 사이가 좋은 동료가 어떻게 하는지 관찰할 때다.

이들은 롤모델로 삼은 동료의 컴피턴시, 성과, 업무 마인드 등이 어떤지 관찰한다. 여기서, 컴피턴시(competency)란 성과나 실적과 직접 관련 있는 직무상 행동 특성, 수행 능력을 가리키는 말이다.

얼마간 지켜보면 상사가 부하직원에게 바라는 업무 스타일을 대략 이해하게 된다. '능력과 성과를 보일 때 상사와 관계가 좋아질 것'이라고 긍정적으로 전망할 수 있는 직장이라면 팀 조직력은 줄어들기는커녕 되레 활성화된다.

물론 조직이 건강하고 지속적인 성과가 있다는 대전제 아래서 가능한 이야기다. 따라서 상사에게 환심을 사려들 게 아니라 건설적인 관계성을 모델로 삼아야 한다. 이 같은 선순환을 이루기 위해서는 리더의 정확한 '평가능력'이 필요하다.

상사가 부하직원들을 적정하고 공정하게 평가하는 능력이 있고 부하직원들도 이를 인정하고 있어야만 한다.

규모가 작은 직장일수록 '인간관계의 불균형'은 없어야

아무리 뛰어난 처방전이라도 모든 직장에 해당하지는 않는다.

조직심리학에는 나름대로 견고한 이론이 존재하는데, 유독 인간관계의 불균형에 대해서는 그렇지 못하다. 그리 간단한 이야기가 아니기 때문이다.

같은 사람이라도 장소가 바뀌면 약효도 다르다. 다만 한 가지 알려진 바는 인간관계의 불균형이 팀의 규모와 관계가 있다는 점이다. 불균형 정도가 비슷해도, 팀 규모에 따라 구성원이 받는 충격은 다르다는 것이다.

북경과기대학(北京科技大學)의 스이 교수와 연구자들은 중국 내 기업 중 제조업이나 전기 통신 관련 회사를 대상으로 팀의 규모가 인간관계에 미치는 영향을 조사했다.[28]

먼저, 한 팀에 4~5명이 있으면 소규모, 열 명 이상은 대규모로 가정했다.

스이 교수와 연구자들의 분석 결과에 따르면, 우선 같은 팀 내에 상사와 가까운 사람과 아닌 사람이 다소 있는 경우, 관계에 어느 정도 불균형이 있어도 서로 협력하고 팀 퍼포먼스를 촉진하는 데 자극제가 되었다.

그러나 불균형의 크기, 즉 상사와의 사이가 매우 좋은 부하직원과 정말 나쁜 부하직원 간의 정도 차이가 클수록 협력도 퍼포먼스도 수준이 낮았다. 역시 상사와 부하직원의 관계성에서 불균형 정도는 작을수록 좋다.

그러나 이 연구 결과에는 속편이 있다.

관계성의 불균형은 규모가 큰 팀보다 작은 팀이 받는 충격이 더 컸다. 부하직원 수가 적은데 상사가 편애까지 한다면 부하직원끼리 협력하지 않게 되고 결과적으로 팀 퍼포먼스도 향상되지 않는다.

이론적으로도 설명할 수 있는 결과다.

상사 한 명을 둘러싸고 발생한 관계성의 호불호는 팀을 상사와 가까운 사람들(내집단)과 그렇지 않은 사람들(외집단)로 나눈다. 규모가 큰 팀보다 작은 팀이 서로의 존재를 더욱 명확하고 개별적으로 인식하므로, 상사가 지시한 업무에 유리한 자원이 어느 쪽으로 갔는지 확실하게 알게 된다.

이래서야 서로에게 좋은 감정이 생길 리 없다.

자원을 못 받은 그룹에는 적대심과 시기심이, 자원을 받은 그룹에서는 우월감과 경멸감이 생겨날 소지가 있다. 따라서 리더는 함께하는 인원이 적은 팀일 때 특히 불균형을 줄이고 원만한 인간관계를 맺으려고 노력해야 한다.

'인간관계 불균형'을 극복하는 직장 밖의 힘

앞서 이야기한 위험 요소 두 가지는 모두 리더가 알아야 할 유의점이었다.

이번 편에서 마지막으로 할 이야기는 직장에서 부하직원인 분들에게 보내는 메시지다.

직장 안에서 인간관계가 힘에 겹다면 바깥의 힘을 빌려보자.[29]

상사에게 얻는 자원에도 한계는 있기 마련이고, 어쩌면 최선의 자원이 아닐지도 모른다. 다행히 업무는 하나의 부서나 과만으로 해내는 게 아닌 만큼, 이를 잘 활용하자.

인간관계에서 불균형이 발생하는 원인은 상사나 부하직원이 가진 물질적, 심리적 자원에 있다. 일정한 관계성이 만들어져서 조직이 안정되면 관계가 소원해진 부하직원은 상사로부터 자원을 충분히 제공받지 못한다.

각종 정보나 지원이 부족해지면 부하직원이 상사에게 제공하는 자원도 점차 줄어든다. 그렇더라도 부하직원은 부족한 자원을 보충하여 주어진 과제를 수행하고 목표를 달성하면 된다.

이럴 때 필요한 자원을 직장 밖에서 구해보는 것도 방법이다. 직장 밖에도 나를 도와주는 사람들이 있다는 것을 알고, 그들에게 필요한 자원을 얻음으로써 더욱 흥미진진한 전개가 펼쳐지기도 하고 새로운 인맥을 만들 수도 있다.

또 밖에서 자원을 찾다 보면 상사가 무슨 말을 하려고 했는지 맥락이나 의도가 이해되는 순간이 오기도 한다.

이렇게 얻은 자원이 쌓이고 쌓이면 자신감도 생기고 그 안에서 새로운 발견이 있을지도 모른다. 조직이 찾던 인재가 바로 당신이 될 수도 있다.

원격근무의 시대,
리더의 역할

원격근무가 보급되면서, 개인의 행동반경은 넓어지는 한편, 사람 사이의 물리적 거리는 벌어지며 이전보다 교류하기가 어렵다는 사람들이 늘었다.

특히 리더나 팀장과 같은 사람들은 팀원들이 서로 다른 장소에서 일하는 상황에서 리더십을 어떻게 발휘해야 성과를 올릴 수 있는지 고민해야 하는 시대가 됐다.

재택근무의 스트레스 경감 효과

루벤가톨릭대학교 연구자들은 벨기에의 한 기업을 통해 재택근무의 효과를 실험했다.[30]

[개입(재택근무) 군]으로 뽑힌 사원들은 최대 주 2일간 재택근무가

허용되었다.

반면 [통제군]으로 뽑힌 사원들은 허용되지 않았다.

3개월이 지난 후, [재택근무 군]이 [통제군]에 비해 스트레스 수준이 통계적으로 유의미하게 낮아졌다.

벨기에 역시 출근길 교통 상황은 상당히 혼잡한 모양이다. 아마도 출퇴근 시간과 동료의 참견이라는 두 요소가 경감되며 이러한 결과가 도출된 것 같다. 참고로, 업무 퍼포먼스 면에서 두 비교군에 차이는 없었다.

다만, [통제군]과 비교하지 않고 [재택근무 군]에 속한 사원들만을 조금 더 살펴보니, '재택근무 요일'에 따라 업무 퍼포먼스에 인정할만한 차이가 있었다.

출근일에 비해 재택근무일에 스트레스 정도가 낮고 업무에 집중했으며 퍼포먼스가 높았다. 이 연구는, 근무 환경이 일하는 사람의 마음과 활동의 균형에 영향을 미친다는 사실을 시사한다.

만일 그렇다면 사무실에서 상사와 동료와 교류하되 업무시간과 공간은 알아서 정하는 프리 어드레스 제도가 일정한 효과를 가져다줄 수도 있다.

떨어져 있어도 부하직원은 상사의 리더십에 영향을 받는다

리더십이 물리적으로 떨어져 있는 구성원에 미치는 영향을 조사한

버스회사의 데이터에는 시사점이 많다.[31]

이는 PM 이론으로 유명한 오사카대학교의 미수미 교수와 연구팀이 버스 사고율 저감을 위한 PM 리더십 훈련을 시행하고 얻은 데이터다.

PM 이론이란?

데이터에 관해 이야기하기 전에, PM 이론부터 잠시 살펴보자. PM 이론에서는 리더십을 두 가지 축으로 평가한다.[32]

하나는, 목표 달성을 위해 직접적으로 필요한 성과 지향적 언행, 이른바 P(Performance) 행동이다.

여기에는 명확한 계획과 지시, 뛰어난 임기응변, 새 기술과 지식, 규칙 준수 등에 관한 말과 행동이 포함된다.

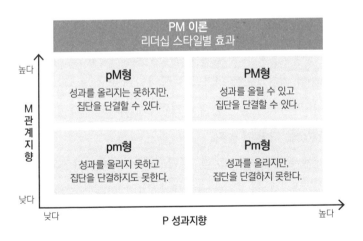

또 하나는 관계 유지형 M(Maintenance) 행동이다.

집단의 분위기 유지, 부하직원 배려, 능력과 일머리 인정, 지도 편달, 공평한 대우 등이 있다.

각각의 평가 지점을 조합하여 리더십을 네 가지 스타일, 즉 PM형, Pm형, pM형, pm형으로 분류한다.

PM 이론의 특징은 부하직원이 상사를 평가하는 것이다. 특히 상사의 자기평가와 부하직원의 평가에 어떤 차이가 있는지를 본다.

여기에는 상사가 '전달하고 싶거나, 전달한 셈 쳤던' 일이 중요하게 작용한다.

즉 상사의 자기평가 정도뿐 아니라, '전달하려던' 일이 부하직원들에게 제대로 '전달되었는지'가 관건이다. 만일 '전달되었다'라면 부하직원은 상사를 평가할 때 많은 점수를 줬을 것이다.

예를 들어 PM형 리더십으로 평가받았다면 상사의 P 행동도 M 행동도 부하직원에게 충분히 '전달된' 상태라는 뜻이다.

반대로, pm형 리더십으로 평가받은 상사라면 평소 소극적이거나 현장에 거의 관여하지 않는 등 부하직원에게 리더의 생각이 제대로 전해지지 않았을 확률이 높다.

부하직원에게 목표나 생각을 잘 '전달하는' PM형 스타일은 다른 스타일인 Pm형, pM형, pm형보다 생산성도 뛰어나고 부하직원의 사기, 정신 건강, 직장 분위기, 원활한 회의, 업무 분담 등에서도 높은 성과를 거두었다고 평가받았다.

버스회사에서 리더십 훈련 시행

자, 버스회사 이야기로 되돌아가자. 때는 고도성장기, 거리에는 자동차들이 바쁘게 달리고 버스회사의 유책 사고율은 점점 높아지고 있었다.

버스회사는 PM형 리더를 만들기 위해 훈련하기 시작했다. 실제로 훈련 후, 상사들의 리더십은 각각 향상되었다.

회사 전체의 사고율이 눈에 띄게 떨어졌는데, 특히 PM형 상사일 때 현저히 낮았다. 이러한 결과를 볼 때, 매우 흥미로운 점은 버스 운전기사의 평소 업무가 '운전'이라는 사실이다. 여기에 주목할 점이 보인다.

부하직원인 운전기사가 상사를 마주하는 시간은 업무 전후에 짧게 이뤄지는 점호 때다.

운전기사는 근무 시간 대부분을 상사와 물리적으로 떨어져서 일하는데도 직무수행 상태를 보면 상사의 리더십 스타일에 상당히 영향을 받고 있었다.

버스회사의 대처와 데이터에서 우리는 리더가 어떻게 활동하느냐에 따라 관계성이 얼마나 구축되고 유지되는지 알 수 있다.

PM형 상사 밑에서 일하는 부하직원은 비록 일하는 공간은 떨어져 있어도 상사와 마치 한 몸처럼 생각을 공유하고 자기 자리에서 할 수 있는 일을 하려고 노력할 가능성이 크다.

현대처럼 근무 방식이 크게 변하는 시대에서도 조직을 단결하게 만들고 퍼포먼스를 향상시키는 것은 가능하다. 물론 쉽지는 않을 것이다.
하지만 리더의 영향력은, 그리고 우리 한 사람 한 사람의 영향력은 긍정적이든 부정적이든 생각보다 크게 작용한다.

신종 코로나바이러스 감염증에 따른 사회적 거리두기 기간에 한 조직에서 온라인 회식을 개최한 이야기를 들은 적이 있다. 회식 당일, 참가자들은 자기가 좋아하는 음료수를 꺼내 들었다. 사실 이 음료는 직장 상사가 보낸 선물이었다.
상사가 회식하는 날에 맞춰 사원 개개인이 선호하는 브랜드까지 따져서 고른 음료를 각자의 집으로 보냈던 것이다.
사원들은 "그 상사라면 그럴만하죠."라고 자기 상사를 표현했다.
이렇듯 거리가 멀어질수록 더욱 먼저 나서서 팀원들이든 누구든 자기가 소중한 사람임을 깨닫게 하는 순간을 선사한다면 직장 내 관계도 더욱 끈끈해질 것이다.
서로에게 꼭 알맞은 심리적 거리를 찾아내기 위해서라도 평소에 교류를 게을리하지 않고 환경이 변해도 언제나 대처할 수 있는 상태를 유지한다. 이는 곧 조직에서 최선의 위기관리가 된다.

중요 포인트

- 상사와 부하직원의 관계 만들기는 '초기 투자'가 가장 효과적이다.
- 아무리 초기 투자를 아끼지 않아도 팀의 온도 차는 발생한다. 이 온도 차가 퍼포먼스 저하를 위협하는 요소가 된다.
- 온도 차를 극복하는 네 가지 액션, '인사' '방향성' '정보공유' '인간관계의 불균형 개선'으로 팀 퍼포먼스가 향상된다.
- 물리적 거리가 있어도 구성원은 리더의 영향을 받는다.

Part
03

조직을 망치는 원흉 3: 불만

'숨겨진 불만'을 찾아
변화의 기회로 활용하라

여러분은 지금까지 만나온 상사의 지시나 요구에 수긍하지 못하고 불만스러웠던 적이 있는가.

상사와 부하직원의 관계는 늘 불만스럽다 보니 조직 내에서도 가장 많이 경험하는 갈등이라고 한다.

상사도 그렇다. 주변에서 기피 대상 1호로 취급하거나 부하직원이 불만 가득한 표정을 지어 보여도 애써 참을 수는 있지만, 누구도 불만으로 가득한 조직을 만들고 싶지는 않을 것이다. 그러나 구성원의 '불만 스위치'는 아주 쉽게 켜진다.

실제로 이러한 대인관계에서 빚어지는 마찰은 조직을 운영하는 상사라면 초미의 관심사가 아닐 수 없다. 이런 관계 때문에 소비하는 시간이 '상사의 전체 활동 시간의 20% 이상'이라고 보고됐을 정도로.[33]

매일 데스크에 쌓여가는 업무로 바쁜 와중에 이 사람 저 사람 눈치도 봐야 하고 뭘 어떻게 대처해야 할지 모르니 운신의 폭은 점점 좁아지고, 시간만이 애타게 흐른다…….

'그렇게 일해서 쓰나?'라고 생각하는 분은 이번 장을 꼭 읽어보시라.

사람은 모두 제각기 다르게 살아간다. 그래도 많은 이들에게 공통된 심리와 행동은 있다. 지금까지 전 세계 조직심리학자들은 이와 같은 '숨겨진 인간의 본성'을 연구해왔다.

이번 장을 다 읽은 뒤에, 조직심리학이라는 안경을 쓰고 나서 상대를 다시 한번 바라보기를 바란다. 상대의 인상이 확 바뀔 것이다.

조직심리학은 주변 사람들과 제대로 소통하려면 어떻게 해야 하는지, 차분하게 대책을 세울 수 있게 도와준다. 즉 조직심리학이라는 지혜는 나를 지키는 방어 도구이자, 나 아닌 다른 사람을 적극적으로 움직이게 하는 무기다.

상사를 향한 불만은
늘 숨겨져 있다

기대와 현실의 괴리

상사와 부하직원 관계를 조직에서 조사해보면 불만이 있는 부하직원들은 대개 이렇게 이야기한다.

"우리 팀장님은 결과나 형식, 기한만 신경 쓰는 사람이라 엄청나게 닦달해요. 다 내던지고 싶지만……."
"팀장님이 시킨 대로 했는데, 며칠 지나면 전혀 다르게 지시하는 거예요. 왜 그러는 걸까요? 도대체 뭘 어떻게 하라는 거죠?"
"야근하지 않으려고 일을 빨리 해치우면 여력이 있다고 여기는지, 일이 점점 늘어나요. 이게 무슨 상황이죠?"
"요령이 없어서 야근하는 동료에게 열심히 일한다는 거예요. 팀장이란 사람은 도대체 뭘 보는 건지, 정말 불공평합니다."

상사도 할 말은 있다.

"현장을 신뢰하여 맡겼는데, '보연상(보고, 연락, 상담)'을 전혀 하지 않아요. 사회인으로서 이건 기본 중의 기본이 아닙니까."
"나중에 보니, 제멋대로 일을 하고 있잖아요. 관계자와 고객에게 민폐를 끼칠 수도 있는데."
"뭘 시켜도 대충 하려고 해요. 능력이 있어 보여서 일부러 일을 맡겼는데……."
"같은 실수를 몇 번이나 저지르고, 다른 팀원들에게 민폐를 끼치고 있는데도, 정작 본인은 사태의 중대함을 모르더라고요. 반성이라도 좀 하면 좋으련만."

회사는 그야말로 불만 창고다. 불만 대부분은 내가 안고 있던 기대와 현실의 괴리에서 발생한다. 회사 이념이나 방침에 대한 인식과 실제 괴리, 상사 혹은 부하직원의 업무 진행 방식이나 문제에 대한 견해와 해결법의 차이, 노동시간(야근)에 대한 인식 및 평가의 차이 등이다.
모두 업무상 스트레스가 원인이다.
후생노동성의 노동자 건강 상태 조사에 따르면 직장인 반수 이상이 심한 불안과 고민으로 스트레스를 받는다고 대답했다. 비율을 보면 1987년 55.0%, 1992년 57.3%, 2017년 58.3%이었다.

만일 여러분이 조직의 리더인데 "팀원들은 직장에 만족하여 즐겁게 일하고 있다."

이렇게 생각한다면 지나치게 낙관적인 사람이 아닐까 싶다.

직장인 가운데 '두 사람 중 한 사람'은 불만이 있었으며, 여러분의 직장도 예외는 아닐 것이다.

대다수는 불만을 참으려고 한다

상사의 지시를 못 알아듣겠다, 자꾸 바뀐다, 알쏭달쏭하다, 지시한 내용을 되물으면 싫은 내색을 한다는 둥 부하직원은 상사의 지시에 대한 불만을 자주 토로한다.

부하직원은 상사의 이러한 지시에 어떻게 반응할까?

일본에서 6천 명이 넘는 간호사를 대상으로 한 조사에서는, 60% 이상이 상사에 불만을 느껴도, 다음처럼 자신의 부정적 감정을 은폐하고 있었다.[34]

- '참는다.'
- '동료에게 푸념한다.'

참고로, 조사 대상 중 20% 정도는 '수긍할 때까지 대화'한다, '상담'한다고 대답했고, 그 외 '내 주장을 밀어붙인다.' 혹은 '무시'한 다는 식으로 강경하게 대처한다고 대답했다.

이처럼 불만을 은폐하는 사람들의 모습을 보면서 미국의 심리학 자 밀그램의 유명한 '복종 실험'이 떠올랐다.

밀그램은 실험을 통해 많은 사람이 권위자가 내리는 지시에 따라 타인에게 고전류가 흐르는 전기 충격을 가하는 모습을 관찰하였 고, 인간은 설령 양심의 가책에 휩싸이더라도 권위자에게 복종한 다는 것을 보여줬다.

'침묵 효과', 나쁜 정보는 전하고 싶지 않은 심리

다른 연구에서도 마찬가지로, 부하직원은 상사에게 불만을 드러내 기보다 속으로 참는 경향이 있었다.

미국의 심리학자 로젠과 테서는 이 현상을 '침묵 효과(MUM Effect)'라고 이름 붙였다.[35]

'MUM'은 말을 하지 않는다는 뜻이다.

"고객이 클레임을 걸었지만, 별일 아닐 거야."

이처럼 불리한 정보를 상사에게 보고하지 않고, 원래부터 없었던 것처럼 행동한다. 사람은 보고 싶은 것만 보고, 생각과 다른 정보 는 온갖 이유를 대며 무시하려는 특징이 있다. 무엇보다 부정적인 정보를 전달하려면 용기라는 비용이 든다.

상황이 이런데, 우려하는 바를 솔직하게 전달해봐야, 뭘 그렇게까지 생각하냐며 상사가 나를 부정적으로 평가할지도 모를 일이다.

이 같은 심리 탓에, 부정적인 이야기는 상사에게까지 잘 전달되지 않는 경향이 있다.

상사의 잘못을 지적할 수 있을까?

일본의 사회심리학 연구자들은 '하얀 거탑'을 방불케 하는 데이터를 보여준다.[36]

이는 의료사고로 한창 시끄럽던 2003년에 보고된 연구논문이다.

병원에서 일하는 간호사를 대상으로 의료기관의 지위 격차와 소통 문제를 조사했다.

어느 날 우연히 A가 투약량을 실수하는 장면을 목격했다.

이때, 여러분은 A에게 잘못을 지적할 것인가?

선택지는 세 가지다.

- '주저 없이 지적한다.'
- '주저하겠지만, 직접 지적한다.'
- '지적하지 않는다'

만약에 잘못을 저지른 A가 간호 주임, 간호사 선후배나 동기, 약제사, 레지턴트나 의사라고 가정한다면 어떨까.

조사 결과, 의사, 간호사, 약제사처럼 서로 직종이 다르면 잘못을 저질러도 지적하기를 주저하는 경향이 드러났다. 특히 간호사가 의사의 잘못을 지적할 때 느끼는 저항감은 다른 직종에 비해 강했는데, 이는 직종에 따른 지위 격차가 반영되었기 때문이다.

또한 같은 직종 내에서도 후배보다 동료, 동료보다 선배를 지적해야 할 때 저항감을 느꼈다.

이처럼 지위 간 격차는 병원뿐 아니라, 어느 분야에서든 존재하며 격차에 대한 대처법 역시 경험으로 잘 알고 있다. 조직 내 계층이나 역할과 지위가 소통하는 데 장벽이 되고 있다.

이것이 아니더라도 귀에 거슬리는 정보나 자신에 관한 평가와 감정이 실린 불만은 적절한 전달법이나 시기 맞추기가 쉽지 않다.

자신의 인사고과나 상사의 심정을 고려하면 전달하기 어려운 안건이 얼마든지 있다. '보연상(보고, 연락, 상담)'이라고들 쉽게 말하지만, '말하기는 쉽고 행동은 어려운 것'이 현실이다.

'불만의 은폐'가 중대한 잘못을 낳는다

마치 약속이라도 한 듯이 다수가 침묵하는 직장이라면 사고가 만연해 있을지 모른다.

휴먼 에러 연구자인 제임스 리즌(James T. Reason)이 주장한 '스위스 치즈 모델'은 이를 잘 말해준다.

리즌이 제시한 이 모델은 스위스 치즈의 구멍을 안전사고를 유발할 수 있는 잠재적 결함에 빗댄다. 이 치즈는 스위스 에멘탈 치즈로, 숙성 과정에서 이산화탄소 거품에 의해 치즈 표면에 구멍이 숭숭 뚫려 있는데, 구멍의 위치와 형태가 다른 치즈를 여러 장 겹쳐 놓으면 구멍이 가려진다.

즉 감시하는 눈이 여럿이고 방어책이 많다면 각종 문제 발생을 사전에 방지할 수 있다. 그러나 감시가 제대로 기능하지 않으면 불상사가 생기거나 점검 실수로 인한 사고가 발생한다.

정말 놀랍게도 이러한 사고가 치즈의 구멍을 관통한다. 그러므로 스위스 치즈 모델은 위험요소를 단계별로 철저하게 관리하지 못하면 결국 구멍을 모두 통과하면서 대형사고로 이어진다는 것이다.

무슨 정체 모를 요물 같은 게 숨어 있다가, 우리를 조종한다고밖에 생각할 수 없을 정도다. 이 요물은 이렇게 저렇게 모습을 바꾸며 시치미 뚝 떼고 곁에 숨어 있다가, 우리가 냉정을 잃을 때쯤 느닷없이 이빨을 드러내고 덤벼든다. 정말 무서운 존재다.

전형적인 집단사고의 오류 현상이 나타날 때도 같은 요물이 모습을 드러내 팀을 좋지 않은 방향으로 끌고 간다. 여기서 요물이란 인간이 집단이 될 때 느껴지는 불가사의한 힘 같은 것이다. 이 요물이 본색을 드러내기 전에, 우리는 흥분을 가라앉히고 서로의 잘못을 찾아내 수정할 시간적 여유와 공간을 마련해야 한다.

불평등을 이용하다

불만이 가득 찬 직장에서 계속 성과를 올리기란 불가능하다.

한번 생각해보자. 불만이 하나도 없는 사람만 모여서 오랜 시간을 보낸다고 과연 최고의 직장이 될까.

'삶은 개구리 증후군'이라는 말은 한 번쯤 들어보았을 것이다. 천천히 진행되는 위기나 환경의 변화를 알아차리지 못하고 있다가, 깨달았을 때는 이미 늦어서 치명적인 결과에 빠지게 되는 상태를 가리킨다. 불만이 들리지 않는 직장에서 삶은 개구리 증후군에 빠지지 않고 개인도 조직도 차근차근 성장할 수 있을까.

불만이 있어서 개선할 곳을 알고 해결책을 시도하는 과정에서, 우리의 의식과 조직도 점차 정화되어 간다.

그렇다면 이제 불만을 어떻게 볼 것이냐가 매우 중요하다. 이를 이해하려다 보면 부정적인 조직 분위기를 긍정적으로 바꿔줄 만한 운영의 단서가 떠오를지도 모른다.

부하직원의 피드백

상사라면 부하직원에게 내린 지시나 대응이 효과적인지 신경 쓰이는 법이다. 이럴 때, 부하직원의 반응과 이후 행동은 상사에게 가장 유력한 피드백 정보가 된다.

이런 연구가 진행된 적도 있다. 직장에서 불만을 품은 부하직원들이 어떻게 행동하는지 상사에게 물어봤다.[37]

- '상담하고 이해하여 따른다.'
- '마지못해 따른다.'
- '듣고 흘려버리거나 대놓고 거절하며 불복종한다.'

상사에게 이렇게 행동하는 부하직원의 비율도 추측해달라고 요청했다. 동시에 부하직원에게는 상사의 리더십을 알아보기 위해 목표와 계획, 지시의 명확성을 묻는 '과제 지향적인 행동'과 배려나 허락 등과 관련된 '관계 지향적 행동'의 두 측면에서 평가해달라고 요청했다.

그 결과, 불만을 품은 부하직원들이 '상담하고 이해하여 따른다'

라고 추측한 상사는, '마지못해 따른다'와 '불복종'한다는 상사보다 리더십에 대한 부하직원들의 평가가 두 측면 모두 높았다.

이는 곧 부하직원들의 불만이 문제라기보다, 오히려 소통이 원활하다는 방증이라고 볼 수 있다. 불만 자체보다, 불만이라는 감정과 불만이 은폐된 상태에서 일해야만 한다는 것, 그로 말미암아 생겨나는 말썽이 더 큰 문제다.

오히려 반겨야 할 작은 불만

사실 불만에는 패러독스, 역설이 존재한다. 업무에 열중할수록 사람은 보람을 느끼는 한편, 꺼림칙한 감정도 생겨나기 쉽다.

상사에게 불만을 느끼고 불만이 점점 쌓여갈수록 부하직원들은 주체성에 눈을 뜨게 된다. 이는 불만에 숨어 있는 긍정적인 측면이다.

'왜 이렇게 되는 거지…….' '조금 더 ……하면 좋을 텐데'라며 해소되지 않은 무언가가 몸 안에 똬리를 튼다.

이처럼 불만을 품는 것은 조직에 관심이 생겼기 때문이다. 더 분석적으로 사고하게 되고 개선할 수 있다고 기대하게 된다.

부하직원들이 불만을 토로하는 장면을 마주하고 싶은 상사가 어디 있을까. 회피하기보다 부하직원의 불만을 '그랬구나' 하고 수용하여 조직에 주어진 과제로 받아들이고 현재 업무와 부하직원에 대해 새로운 발견을 할 수 있는 기회로 삼는다.

요컨대 상사는 부하직원들의 에너지가 불만으로 향하려고 할 때, 신속히 대처하여 기회를 잘 살려야 한다.

부하직원들이 뭔가 대단한 것을 바라고 요구하는 게 아니다. 작게나마 자기 역할을 인정해주고, 조직에 어떻게든 기여하고 있으며 상사에게 바라는 바가 전달되었다는 것을 알면 보답하겠다는 마음에 다시 일에 열중한다.

사람은 자기에게 소중한 것, 사회적으로 가치가 있는 것을 타인에게 주었을 때 행복을 느낀다고들 한다.[38] 스스로 그렇게 하고 싶다고 바랄 때 행복감을 맛본다. 이렇게 작은 불만이 있을 때야말로, 상사는 부하직원과 현장을 이해하고 효과적으로 대처할 수 있다.

불만을 퍼포먼스로 바꾸는
네 가지 환경전략

지금까지 봤듯이, 매사에 진지해서 생기는 감정인 불만은 우리를 주체적으로 사고하고 행동하도록 유도하는 기능이 있다.

이렇게 보니, 조직이 건전할수록 갈등은 바늘에 실 같은 존재라는 생각이 든다. 오히려 반갑게 받아들이는 편이 낫지 않을까. 결국 갈등은 그 자체로 나쁘기보다, 어떻게 다루느냐가 문제다.

그렇다면 부하직원들 사이에서 생기는 불만이라는, 얼핏 부정적으로 보이는 감정을 어떻게 해야 긍정적인 힘으로 돌려서 조직 운영에 도움이 되게 할 것인가. 바로, 이 생각의 전환에 해답이 있다.

이쯤에서 정리하자면 이렇다.

왜 부하직원은 개선 요구나 부정적인 정보와 같은 업무상 불만을 상사에게 직접 전달하러 가지 않느냐, 바로 리스크가 있기 때문이다.

- 상사가 나에 대해서 나쁜 인상을 받을까 봐.
- '그렇다면 자네가 구체적인 안을 기획해보게!'처럼 혹 떼러 갔다가 혹 붙이고 올까 봐.

이런 식의 불이익이다.
즉 이러한 리스크를 받아들이더라도 할 말은 할 수 있는 분위기를 마련해야 한다.

[환경전략 1] 업무 성과에 바탕을 둔 평가

예를 들어 맡은 업무에서 성과를 올렸을 때 제대로 된 기준에 따라 적절하게 평가받는다면 어떨까. 그렇지 않으면 이렇게 뒷말이 무성할 수 있다.
"귀에 거슬리는 정보가 있어도 일부러 나쁜 인상을 남기면서까지 굳이 내가 전할 필요는 없지."
"성가신 일에 휘말리지 않게 어떻게든 잘 피해 다녀야지."
"새로운 일을 해내도, 제대로 평가받은 기억이 없어."
이렇게 생각하는 순간부터, 부하직원과 상사와의 관계에 제동이 걸린다. 이래서야 업무의 질이 향상될 리 없다.
상사도, 부하직원도 과제지향이라는 의식을 높이는 환경을 조성하고 늘 교류해야 한다.

다만, 그렇게 오래 가지 않을 사이거나 곧 부서를 이동한다든가 하면 평소 마음에 담아둔 말을 한마디쯤 할 수 있을 것 같겠지만, 실상 그렇지 못하다.

성격상 마지못해 따르거나 불만을 꾹꾹 누르는 사람은 대개 앞으로의 업무나 관계부터 떠올린다.

'이번 지시를 거절하면 상사 기분을 망칠 것 같아.'

'앞으로도 이 상사 밑에서 일해야 하는데, 하고 싶은 일도 못 하고 인사고과에 영향이 있으면 어떡하지?'

상사와의 관계를 앞으로도 지속해야 할수록, 특히 더 그렇다.

연공서열제도에 따른 인사제도는 평가 기준을 업무의 성과나 성적이 아닌 근속연수 및 회사 역사나 나이에 두고 상사와 부하직원의 관계성을 장기적으로 보장한다. 연공서열제도는 고용안정을 보장하므로, 애사심을 키우고 팀워크를 높이는 환경과 풍토를 양성하는 등 장점도 있다.

이러한 제도 아래서 불만이 생긴다면 부하직원은 가급적 사태를 키우지 않고 조용히 지내고 싶어 할 수도 있다.

그렇다면 부하직원에게는 자기 상사가 어떤 타입인지 알고 대처하는 처세술도 필요하다. 상사와 업무관과 지향성이 같다면 직접 이야기해보겠지만, 그렇지 않다면 발언을 자제하는 게 최선책이라고 여기게 된다.

한편 성과주의나 실적주의에서는 상사 개인의 호불호가 아니라 업무의 성과와 성적으로 대우가 결정되므로, 굳이 상사가 어떤 사람인지 알려고 눈치 보지 않아도 된다.

성과를 올리기 위해 할 말은 꼭 해야 한다는 인식이 생기기 쉽다. 설령 말실수가 있었거나 사고가 있었어도, 성과와 성적만 올리면 눈감아줄 가능성도 있기 때문이다.

더욱이 평가에 따라 누구랄 것도 없이 부서 이동이나 이직 이야기가 공공연히 나오다 보니, 연공서열제도에 비하면 상대적으로 관계성이 단기적임을 암암리에 전제하고 있다.

사회인을 대상으로 한 설문 조사 결과에 따르면 연공서열제도보다 성과주의나 실적주의를 도입한 회사에서 상사와 부하직원의 관계성에 상관없이 상사를 향한 발언 및 토론이 이뤄지는 경향이 있었다.[39]

다시 말해, 상호 관계가 매우 중요하지 않은 환경에서는 개인의 건설적 행동과 조직의 정화 및 발전을 촉진한다.

이처럼 조직의 인사제도와 그 기능을 알고 분위기를 파악한 후 조직을 운영하는 것도 중요하다.

[환경전략 2] 명확한 역할을 부여하다

이 밖에도 몇몇 효과적인 요인을 들어보자.

하나는 개인의 의식개선이다.

새 업무나 과제를 수정할 때, 더욱 나은 방향으로 바꿔가야 한다는 책임 의식을 갖도록 한다. 역할이란, 집단이나 조직에 속한 어느 한 사람에게 기대하는 행동양식을 말한다.

예를 들어 상사가 5년 차 사원 A에게 직장 운영 역량을 높이라는 뜻에서 '신입사원들을 잘 챙겨줬으면 좋겠다'라는 이야기를 꺼냈다고 가정해보자.

일반적인 사람은 타인이 기대하면 의욕이 생기고 퍼포먼스가 향상되는 법이다.

그리스 신화에서는 이를 '피그말리온 효과'라고 한다. 피그말리온은 그리스 신화에 등장하는 조각가의 이름이다. 그는 자기가 조각한 여인상을 연모하여, '사람이었다면……' 하고 바라게 되었다. 그러자 사랑의 여신인 아프로디테가 여인상에 생명을 불어넣어 인간이 되었다는 이야기다.

반대로, 아무도 기대하지 않거나 스스로 존재감 없는 사람이라고 생각하면 성과나 실적이 생각만큼 오르지 않고 오히려 떨어지기조차 하는데 이를 '골렘 효과(Golem Effect)'라고 한다. 골렘은 히브리어로 '형체 없는 사람'이라는 뜻이다.

자기 의사가 없는 진흙 인형인 골렘은 주인이 조종하는 대로 움직이는데, 이마에 그려진 부적에 쓴 글자 중 한 자만 지우면 진흙으로 돌아간다.

이러한 설화에 빗대어, 타인의 기대치가 낮을수록 자기 역량을 발휘하지 못하여 성과도 형편없어지는 현상에 골렘의 이름이 붙여졌다.

다시 이야기로 돌아가자.

상사가 A에게 멘토가 되어 후배를 지도하라고 맡겼으므로 신입사원은 직장과 업무에 숙달한 상태여야 했다. 그런데 신입사원의 일처리가 영 신통치 않다.

상황을 가만히 지켜보니, A가 신입사원을 나 몰라라 하는 게 아닌가. A는 상사의 기대와 속뜻을 제대로 이해하지 못했다. 자기 영업실적 향상만이 최우선이고 멘토라는 일은 직무와 평가에 직접 상관없다고 판단한 것이다.

이는 A가 후배를 지도하는 일이 자기가 해야 할 역할이자 업무라는 점을 명확하고 정확하게 인식하지 못했다는 뜻이기도 하다.

역할이 명확하면 사람은 업무에 시간과 에너지를 쏟고 업무 만족감이 높아지며 조직에 대한 책임감도 향상된다고 보고하고 있다.[40] 주변에서 자신의 존재감을 인식하고 기대해주면 우리는 일하는 데 보람을 느끼고 조직에 대한 애착심도 생겨난다.

[환경전략 3] 심리적 안전감

세 번째는 심리적 안전감이다.

이는 개인이 리스크를 감수해도 될만한 직장이라고 믿고 있다는 뜻이다. 구글에서 심리적 안전감이 성공한 팀의 공통점이라며 주목하자 순식간에 관심이 집중됐다.

앞서 이야기한 '역할 부여'와 '심리적 안전감'을 조합하면 부하직원이 주체적으로 의견을 개진하는 토대가 만들어진다.

새로운 해결책과 같은 발전적 의견을 제안하거나 바람직하지 않은 행위를 지적하는 등의 행동에 적극적으로 나선다.[41]

참고로, 심리적 안전감이 뿌리내리는 데 상사와의 관계성이 미치는 영향은 매우 크다.

이 밖에도 직장은 지원을 아끼지 말아야 하며, 개인과 조직은 배우려는 자세를 충분히 갖추고 있어야 한다.[42]

이렇게 조성된 직장 분위기는 소속원들에게 안전감을 심어주고, 이는 다시 정보공유, 퍼포먼스, 창조적 활동을 하는 데 큰 버팀목이 되어준다.

이스라엘에서 전략과 운영을 연구하는 카르멜리와 공동 연구자들은 금융, 통신, 의료품 및 의료기기 등 기업에서 일하는 직원을 대상으로 설문 조사를 했다.[43] 그 결과, 조직 구성원들은 목표와 지식을 공유하고 상호 신뢰성이 충분할수록 심리적으로 안심하는 환경이 조성되었고, 나아가 실패에서 배우려는 자세와 행동이 몸에 배어 있었다.

여기에서의 안심감은 조직의 성장과 지속에 필요한 이야기를 얼마나 허심탄회하게 털어놓을 수 있느냐에 달려 있다.

[환경전략 4] 상사와 부하직원의 '업무 지향성'을 맞추다

상사에게도, 그리고 부하직원에게도 일하는 방식이란 게 있다.

이를 크게 보면 '과제 우선 지향성'과 '관계 우선 지향성'으로 나눌 수 있다. 목표 달성에 매달리는 사람도 있으며 원만한 인간관계를 최우선 하는 사람도 있다는 뜻이다.

일반적으로 상사는 회사 방침에 따라 성과와 실적을 올려야 하는 책임이 있어 부하직원보다 '과제 우선 지향성' 경향이 강하다. 상사와 부하직원의 지향성이 일치하면 불만은 덜 발생하고 직무를 생산적으로 수행한다고 알려져 있다.[44]

지위와 역할이 만들어내는 지향성의 거리는 당연히 좁혀져야 한다. 구체적인 방법으로는 상사의 따뜻한 인사 한마디, 업무에 대한 조언 한마디, 관심과 배려가 느껴지는 순간 등이 있다.

이러한 장면이 일터에서 펼쳐진다면 상사로서 여러분이 생각하는 것보다 훨씬 부하직원에게는 격려가 된다.

동기부여를 끌어올리는
소통 전략

칭찬할 것인가, 혼낼 것인가?

칭찬과 꾸중, 이 두 가지 대처법은 예전부터 가정과 학교, 직장에서 고민해오던 방법이다. 또 '칭찬을 들어야 성장하는 사람'이라던 청년도 어느덧 어른이 되고, 지금은 '칭찬하면서 키워야 한다'라는 풍조가 자리를 잡은 듯하다.

조직심리학에서도 매우 많이 연구된 주제 중 하나이기도 하다.

그간의 연구를 집대성하여 메타 분석한 결과를 봐도, 꾸중과 같은 부정적인 피드백보다 칭찬과 같은 긍정적인 피드백이 동기부여처럼 심리적이고 행동적인 면에서 긍정적인 반응을 가져온다.[45]

예를 들어 긍정적인 피드백을 받은 사람은 피드백 내용을 '정확'하다거나 '도움'이 된다고 평가하며 받아들이므로 자신감과 자기효

능감이 높아진다.

또 조직에 애착을 느끼고, 역할 외 업무나 창조적 활동에 적극적으로 나서고 회사를 그만두려는 마음도 낮다고 보고되었다.

칭찬은 금전적 보수와 맞먹는다

뇌과학 분야에서는 사람이 칭찬받을 때 뇌 안에서 무슨 일이 벌어지는지 기능성자기공명영상(fMRI)을 이용하여 연구한 적이 있다.[46] 이 실험에는 남녀 19명이 참가했다.

검토 대상이 되는 조건은 크게 두 종류다.

하나는 보수로서 금전을 받는 [금전적 보수 조건]과 타인에게 칭찬받는 [사회적 보수 조건]이다.

금전적 보수 조건에서는 실험 참가자에게 카드 세 장을 나눠주고 그중 하나를 고르게 한다. 참가자가 고른 카드에 따라 보수가 달라지는 간단한 게임을 진행한다.

금전적 보수에 따라 세 팀으로 나누었는데, [금전 보수가 많은 군], [금전 보수가 적은 군], [금전 보수가 없는 군]의 세 종류다.

한편, 사회적 보수 조건에서 실험 참가자는 성격에 관한 몇 가지 질문에 대답하고 비디오카메라 앞에서 자기소개를 했다. 이 정보를 바탕으로 타인이 실험 참가자에게 어떤 인상을 받았는지 알려줬다. 이 조건도 다시 세 가지로 구분했다.

긍정적인 평가를 받은 [사회적 보수가 높은 군]과 부정적인 평가도 들어 있던 [사회적 보수가 낮은 군], 평가를 제공하지 않은 [사회적 보수가 없는 군]이다.

그 결과, 금전적 보수를 받았을 때 활성화되는 뇌 부위인 '선조체'가 사회적 보수를 받았을 때도 반응했다.

즉 타인의 칭찬은 금전적 보수를 받았을 때만큼이나 기쁨을 가져다준다고 할 수 있다.

능력을 칭찬할 때와 노력을 칭찬할 때

또 다른 연구에 의하면 칭찬 방법에 따라 효과도 달랐다.[47]

이 연구는 열 살 전후 아이들을 대상으로 삼았다. 아이들은 기하학 도형으로 지능검사를 받았다. 처음에는 난이도가 중간 수준인 문제를 준비했다. 그리고 아이들 전원에게 실제 점수와 상관없이 '80%가 풀었다'라고 알려줬다.

이때, 세 가지 조건을 설정하여 칭찬 방법을 달리했다.

첫 번째는 [능력 칭찬 조건]으로 아이들에게 '이렇게 문제를 풀다니, 똑똑하구나!' 하고 칭찬했다.

두 번째는 [노력 칭찬 조건]으로 아이들에게 '이렇게 문제를 풀다니, 정말 애썼구나!'하고 칭찬했다.

세 번째는 [통제 조건]으로 아이들에게 아무런 칭찬도 하지 않았다.

얼마 후 다시 아이들에게 처음보다 더 어려운 문제를 나눠주었다. 그다음, 절반도 못 풀었다며 아이들에게 부정적인 결과를 알려줬다. 자, 이번에는 아이들이 어떤 반응을 보였을까?

첫 번째 테스트에서 '똑똑하구나'라고 능력을 칭찬받은 아이들과 '애썼구나'라고 노력을 칭찬받은 아이들 사이에는 어떤 차이가 있었을까?

일련의 연구를 통해 밝혀진 부분을 살펴보고자 한다.

추구하는 목표가 다르다

칭찬 방법에 따라 아이들이 추구하고 싶은 목표의 종류가 달라졌다.

연구 자료에 따르면, [능력 칭찬 조건]의 아이들 중 67%가 성적을 목표로 선택했고, [노력 칭찬 조건] 아이들 중에서는 8%가 성적을 목표로 선택했다.

[노력 칭찬 조건]의 아이들 대부분은 학습을 목표로 골랐다.

능력을 칭찬받은 아이들은 명석함을 유지하고 싶어 했고, 노력을 칭찬받은 아이들은 새로운 것을 배우고 싶어 했다. 전자는 성적 목표가, 후자는 학습 목표가 의식화된 것이다.

임하는 자세가 다르다

부정적인 결과를 받아 든 아이들은 과제에 임하는 자세와 성적이

달라졌다.

[능력 칭찬 조건]보다 [노력 칭찬 조건]의 아이들은 문제 풀이 자체를 즐기며 계속해서 문제를 풀고 싶어 했다.

그리고 처음보다 나중에 풀었던 문제에서 성적이 더 향상됐다.

보고하는 방법도 다르다

자기 성적을 보고하는 내용도 달랐다.

아이들에게 성적이 나쁘다고 알려준 다음, 다른 지역에 사는 아이들에게 같은 문제를 설명하고 자기 점수도 몰래 알려주라고 했다.

이후, 아이들을 관찰해보니, [능력 칭찬 조건] 아이들은 3분의 1 이상이 자기 점수를 속였다. 이에 반해, [노력 칭찬 조건]이나 [통제 조건]에서 자기 점수를 속인 아이들은 각각 13%, 14%에 그쳤다.

사람은 자기 노력을 인정받아야 성장한다. 그래야 기쁘고 긍정적인 마음으로 행동에 나서고 자기를 성장시킬 자원과 기회를 찾게 된다.

일본 최악의 철도 사고, 후쿠치야마 선 탈선사고

우리 프로젝트팀은 전에 '부하직원에 대한 긍정적인 피드백이 기능하지 않을 때'라는 논문을 발표한 적이 있다.

이 주제는 2004년 4월 25일 서일본 여객철도(이하 JR서일본)의 후쿠치야마 선에서 발생한 열차탈선 사고가 계기가 되었다.

승객과 기관사를 포함하여 사망 107명, 부상 562명이 발생한 열차 사고를 계기로 JR서일본은 2006년 안전연구소를 설립했다. 인간 요소, 즉 인간의 행동 특성을 연구하기 위해 시작된 프로젝트였다.

사고원인은 여러 가지였지만, 그중에서도 언론은 특히 '일근교육(日勤教育)'이라는 명목으로 상사와 부하직원 사이에 이뤄지는 교육체제가 문제라고 밝혔다.

일근교육이란, 철도 운전사고가 발생할 우려가 있거나 실제 사고가 발생했을 때, 해당 기관사가 받게 되는 재교육을 속칭하는 말이다. 이를 상사의 재량에 맡긴 탓에 일근교육은 상사가 부하직원에게 가하는 징벌적 성질이 강했던 게 아니냐고 문제를 제기했다.

기관사들은 일근교육에 대해 대단한 부담감을 느꼈다고 한다. 일근교육을 받을 때에는 근무조에서 제외되어 업무시간 내내 리포트 쓰기, 사규 옮겨쓰기, 선로에 떨어진 비둘기 똥 닦아내기, 언어폭력에 가까운 상사 면담 등을 하게 되어 사실상 징벌적 조치였던 것이다. 이미 2000년에 일근교육 때문에 자살한 사람이 있을 정도였고, 후쿠치야마선 탈선사고 역시 결국 열차 지연에 대한 책임을 피하기 위해 무리한 운전을 하다가 참변을 부른 것이다.

이후 JR서일본은, 사고 가능성이 교육 방식과 리더의 대처에 있다면 조직풍토부터 개혁해야 한다는 기치를 내걸었다.

'혼내는 문화'에서 '칭찬하는 문화'로의 개혁이다. 다만, 이렇게 조직을 개혁해내려면 칭찬이야말로 리더가 할 수 있는 '좋은' 대처라는 점을 알려야 했다.

칭찬의 효과를 실험으로 증명하다

그렇다면 칭찬은 정말로 효과적인 대처일까. 이 질문에 대답하기 위해, 대학생 80명을 아르바이트생으로 모집하여 실험을 통해 증명해보고자 했다(제2장 62쪽에서 일부 소개한 연구다.)

대학 내 한 강의실을 직장으로 꾸미고 모집한 학생들을 오게 했다. 물론 실험이라고는 알리지 않았다. 여기에서 학생들은 부하직원으로서 초면의 상사와 함께 일하게 된다.

실험에는 현실감을 충분히 내기 위해서 상사 역할에 JR서일본에서 관리자로 일했던 분을 섭외했다.

부하직원에게는 산관학 연계 프로젝트 이벤트에 참가하는 내빈을 전화로 응대하는 업무가 부여됐다. 이벤트 행사장까지 가는 길을 안전하고 알기 쉽게 설명하는 일이다. 전화응대 시작 전에 상사와 부하직원은 10분간 교류하도록 했다. 실은 여기부터 이미 실험에 조작이 가미되었다.

● [관계성 높은 군]에서는 상사와 부하직원이 주어진 10분 동안 일상적인 대화를 나눈다.

- [관계성 낮은 군]에서는 상사가 책상에 앉아 컴퓨터만 뚫어지게 보며 업무로 바쁜 듯 말을 걸기 힘든 상황을 연출하도록 했다.

이 실험을 실시하기 전에 연구계획을 검토했던 자리에서는 10분이라는 시간 동안 과연 관계성이나 관계성 인지라는 면에서 명확한 차이가 생기겠는가 하는 우려도 있었다.

만약 실험 결과를 얻는데 실패한다면 현장 사람들의 의문을 풀어주지 못하게 되므로 매우 중요한 부분이었다.

모든 실험을 마치고 분석해보니, '관계성 높은 군'에서는 '관계성 낮은 군'보다 상사를 신뢰한다, 이러한 상사라면 함께 해볼 만하다, 신뢰할 수 있다는 등의 인지와 평가가 담긴 결과가 나왔다. 이를 보고 실험 주도팀들은 가슴을 쓸어내렸던 기억이 있다.

다음으로, 10분간 상사와 교류를 마친 부하직원에게는 전화응대를 시작하기 전에 다음과 같은 목표를 세워줬다.

- [기본 목표 조건]에서는 지침에 적힌 전화응대 매너를 준수하고 실수해서는 안 되며 안전 확보에 중점을 두고 길을 안내하도록 지시했다.
- [서비스 향상 목표 조건]에서는 상대를 배려하여 이해하기 쉽게 설명하되, 서비스의 질적 향상도 염두에 두고 아이디어를 내서 응대

하도록 지시했다.

이렇게 해서, 상사와의 관계성 정도와 부하직원의 기본 목표와 서비스 향상 목표까지 네 가지 조건이 갖춰졌다.

이어서 앞으로 유사한 이벤트를 열 때 참고하겠다고 위장하여 부하직원 역할을 맡은 학생들에게 상사에 관해 질문했다. 요컨대 상사의 신뢰도 여부를 묻는 관계성이나 인상, 부하직원의 업무에 대한 책임감과 동기부여 등이다[초깃값 측정].

대답을 작성하고 잠시 후, 실험 도우미가 외부인인 척하고 전화를 걸었다. 드디어 응대 시작이다. 부하직원이 응대하는 내내, 상사가 곁에 서 있다. 부하직원으로서는 상당히 긴장되는 상황이다.

첫 번째 전화응대를 마치고 칭찬을 조작한다.

[칭찬 조건]에서 상사는 "지금 고민해서 설명했구나, 잘했다!"라는 한마디로 피드백을 대신했다.

[칭찬 없는 조건]에서 상사는 아무 말도 하지 않았다.

첫 번째 피드백을 마치고 잠시 후에 두 번째 설문 조사를 했다.

다시 한번 첫 번째와 같은 전화응대와 피드백 조작을 반복하고 실험을 종료했다.

효과적인 '칭찬'에 필요한 두 가지 조건

실험 결과다. 과연 칭찬은 긍정적인 효과를 가져다주었을까.

대답은 YES다.

다만, 효과는 한정적이어서 아래 두 가지 제한 조건을 충족해야만 효과가 충분하다는 것도 알게 됐다. 특히 부하직원의 업무에 대한 책임감과 동기부여에 관한 효과에는 매우 흥미로운 결과가 있었다.

1) 칭찬 포인트

상사가 칭찬 포인트를 칭찬했을 때 부하직원의 책임감이 높아졌다. [서비스 향상 목표]를 부여받은 부하직원은 상사의 '고민했구나, 잘했다!'라는 피드백을 받았을 때, 다음 업무도 책임지고 열심히 노력해야겠다는 의식이 확고해졌다.

한편, [기본 목표]로 시작한 부하직원의 경우, 상사에게 '고민했구나, 잘했어!'라는 말을 들어도, 책임감 항목의 점수는 높아지지 않았다. 비록 칭찬하는 말이지만, 부하직원에게는 말뜻이나 의도가 요점에서 벗어나 있었다. 즉 더욱 바람직한 업무태도를 바란다면 칭찬 포인트를 찾고 그에 맞는 긍정적인 말로 표현해야 한다.

2) 원만한 인간관계

부하직원의 책임감은 '상사와의 인간관계'가 원만할수록 높아졌다. 상사가 칭찬할 포인트를 칭찬하면 부하직원의 책임감은 분명히 올라갔다. 흔히 생각하듯 칭찬은 '좋은 것'이다.

다만 칭찬이 긍정적인 효과를 내려면 인간관계가 원만해야 한다는 것은 매우 중요하며 또 주의할 부분이다.

이번 실험 결과로 보자면 만나자마자 10분 사이에 형성된 관계성이 이후 업무 자세를 긍정적인 방향으로 끌고 갔다는 데서 알 수 있다.

심지어 첫 번째보다 두 번째 칭찬했을 때 더 책임 있고 차분하게 임하려는 의식이 높아졌다.

반면 상사와의 관계성이 충분하지 못할 때는 같은 말로 칭찬했어도, 부하직원의 책임감은 초깃값보다 낮아졌으며 그 상태가 지속되었다.

즉 인간관계가 잘 정립되지 않은 동안에는 칭찬으로 긍정적인 효과를 얻기는커녕 반감만 커질 수 있다.

부하직원은 업무 시작 전에 상사가 보인 대응과 분위기로 봐서는 자기가 칭찬받을 줄 몰랐을 것이다.

어쩌면 상사의 예상치 못한 대응에 부하직원이 당황스러운 나머지, 상사의 속내를 의심했기 때문에 이런 결과가 도출됐는지도 모르겠다.

이번 연구에서 밝혀진 바를 정리하면 다음과 같다.

- 칭찬 포인트를 칭찬하면 부하직원의 책임감과 동기부여가 높아진다.
- 인간관계라는 토양이 비옥하지 못하면 그 어떤 미사여구도 전해

지지 않는다.

'칭찬하지 않는다'=암묵의 질책

직장에서 관계성이 원만하다고 여기는 부하직원, 혹은 후배를 떠올려보시라. 아니면 비교적 가깝게 지내는 상사가 있다면 그를 떠올려도 좋다.

최근 여러분은 직장에서 그 사람에게 칭찬했을까, 아니면 칭찬받았을까. 부하직원이 공을 들여 완성해온 기획서나 시제품을 보고 여러분이 뭐라고 했는지, 혹은 상사에게 무슨 말을 들었는지 기억하는가. 어쩌면 수고했다는 말 한마디 못 듣고, 바로 다음 지시가 떨어졌을지 모른다.

"회사가 다 그렇지, 칭찬 한마디 없네."

이런 상황이 '일반적'이 되어 버렸다고 느낄 때도 있다.

만약 여러분이 상사라면 내심 이렇게 생각할 것이다.

"일일이 말하지 않아도 내가 '좋다'고 여긴다는 것쯤은, 이제는 알 법도 한데."

"나쁜 점은 빨리 말해두지 않으면 나중에 수습하기 힘드니까. 하지만 칭찬이야 이번 일이 잘 마무리되고 나서 하면 되겠지."

이러는 동안, 결국 기회를 놓치고 있지는 않은가?

앞선 실험 결과 중, 흥미로웠던 점을 조금 부연해두려고 한다. 만일, 자타가 공인할 정도로 사이가 원만한 부하직원이라도 한껏 노력 중인 사람을 상사로서 칭찬하지 않으면 어떻게 될까.

자기 나름대로 애써서 일하는 부하직원에게 상사가 어떤 피드백도 하지 않는다면 부하직원 입장에서는 '암묵적 질타'를 받는 것 같다고 했다. 상사와 관계가 소원할수록 부하직원은 암암리에 질타받는 것 같다는 경향이 컸는데, 상사와 관계가 양호해도 정도의 차이는 있을지언정 느끼는 감정은 비슷했다.

"상사와 잘 지내고 있고, 지금 나도 내 나름대로 애써서 일하고 있지만, 상사는 수고한다는 말 한마디조차 없어."

이처럼, 관계가 원만한 상사에게 현재 맡은 업무에 대해서 그 어떤 수고와 격려의 말도 듣지 못한 부하직원은 한마디라도 피드백을 받은 부하직원보다 통계적으로 유의미할 정도로 암묵적으로 질타받고 있다고 느낀다.

이 실험은 상사와 부하직원이 만나서 얼마 되지 않은 초기의 관계성을 가정한 것이므로, 신입사원이라면 특히 염두에 두고 대처해야 한다.

서로 친하지 않으니까 말하지 않아도 되고, 서로 친하니까 말 안 해도 알아준다고 생각하는가. 그렇지 않다. 칭찬은 고래도 춤추게 한다고 하지 않던가, 자주, 확실하게 표현하자.

중요 포인트

- 조직은 대개 불만을 은폐하는 경향이 있다.
- 다만, '의욕'의 이면에 있는 불만은 팀이 변화할 기회이기도 하다. 불만을 얼마나 효과적으로 활용하는가도 리더의 역량이다.
- 불만을 효과적으로 활용하는 데는 크게 두 가지 방법이 있는데, 하나는 조직 구성원이 '위험을 감수하고라도' 불만을 이야기할 수 있을 정도의 환경을 만든 것, 또 하나는 칭찬을 통해 구성원의 동기부여를 향상하는 것이다.
- 칭찬은 금전적 보수에 필적한다. 다만, 칭찬이 적절하지 못하거나 상대와 사이가 서먹하다면 역효과가 날지도 모른다.

Part
04

조직을 망치는 원흉 4: 권력

리더는 권력을
어떻게 다룰 것인가?

리더에게 '권력을 어떻게 다룰 것인가'라는 문제는 매우 중요하다.

리더가 권력을 과시하거나 위압적으로 행동한다면 당장에는 성과가 오를지 모르지만, 신뢰는 무너지고 장기적으로 보면 팀 퍼포먼스도 저하된다.

심리학이나 뇌과학의 몇몇 연구에서는 권력을 가진 사람이 조직의 이익을 거스르는 부정적인 행동을 한다는 게 밝혀졌다.

'자리가 사람을 만든다'라는 말은 책임 있는 지위에 오르면 그 위치에 맞게 성장한다는 의미이지만, 장점만 있지는 않다. 어느 날 갑자기 권력이라는 강한 무기가 손에 들어오면 또 이를 휘두르고 싶은 게 인간의 본성일지도 모르겠다.

정말 그렇다면 그렇게 되지 않도록 대처법을 찾고 구성원들의 신뢰를 잃지 않도록 행동해야 한다.

4장에서는 권력이 있을 때 인간 심리를 살펴본다. 또 리더라는 위치에서 팀 내 인간관계를 원만하게 유지하며 성과를 올리려면 권력과 어떻게 마주해야 하는지까지 살펴본다.

01

권력이 사람을 바꾼다

지위는 사람의 윤리관도 바꾼다

지위가 사람을 만든다는 말은 널리 알려진 대로다.

1971년 심리학자 필립 짐바르도(Philip Zimbardo)와 그의 팀은 유명한 '스탠퍼드 감옥 실험'을 통해 이 말을 증명했다.

짐바르도 팀은 대학의 지하실을 실험용 교도소로 개조하여 대대적인 실험에 돌입했다.

신문광고 등을 통해 모집한 심신 건강하고 평범한 미국 시민을 무작위로 지목하여 교도관 역과 죄수 역을 맡겼다. 죄수 역은 가슴과 등에 수인번호가 붙은 죄수복을 입었고, 교도관 역은 제복과 경찰봉 그리고 익명성을 높이기 위해서 선글라스가 지급되었다.

권력의 차이가 훤하게 드러나는 옷을 입은 피실험자들은 실험용 교도소 안에서 각자의 역할을 연기했다.

결과를 보면 첫날 교도관 역을 맡은 사람들은 자신의 역할에 당황해했으나, 며칠 지나지 않아 위압적으로 행동하고 정신적 학대도 서슴지 않았다. 죄수 역도 죄수다운 말투와 행동을 보이기 시작했다.

이 실험으로 우리는, 사람이 주어진 환경에 얼마나 영향을 받는지, 역할에 따라 부여받은 강력한 권력으로 어디까지 자신의 윤리관을 무너뜨리고 악마처럼 무자비한 존재가 되어 가는지 알게 되었다.

짐바르도의 저서 《루시퍼 이펙트 : 무엇이 선량한 사람을 악하게 만드는가》와 영화 〈엑스페리먼트〉는 스탠퍼드 감옥 실험을 소재로 삼고 있다. 궁금하신 분들께 추천한다.

권력은 자기 이익에 눈멀게 한다

조직심리학 연구를 통해, 지위와 그에 따른 권력을 손에 쥔 사람 다수에게 다음과 같은 경향이 공통적으로 있다는 게 밝혀졌다.

● 타인을 통제하는 권력을 잃지 않으려고 애쓴다.
● 부하직원이 이기적으로 행동하면 싫어하지만, 자신은 자기 지위를 뒤흔드는 사태에 민감하며 자기 실속에만 열을 올린다.

하루 종일 직장에서 상사의 눈치를 보게 되는 부하직원은 상사의 말과 행동에서 괴리가 느껴지면 배려 없이 행동한다고 생각한다. 사람은 권력이 생기면 원래 자기 성격에 따라 권력을 쓴다고들 한다.

권력에 대한 욕구가 강한 사람은 이기적으로, 이타심이 깊은 성격이라면 이타적으로 쓴다. 예를 들면 '권력동기'가 강한 상사는 자기만큼이나 권력동기가 강해 보이는 부하직원을 차갑게 대하는 경향이 있다.

권력동기란 지위나 능력 면에서 누구보다 뛰어나고 싶고, 가치 있는 것이라면 누구보다 먼저 손에 넣고 싶어 하는 욕구를 말한다. 이런 사람은 부하직원의 아이디어에 진지하게 귀 기울이고 받아들이려 하지 않는다. 누가 시키지 않아도 알아서 과제에 집중하는 부하직원이 있어도 그를 키워주려고 하지 않는다.[48]

여러분의 상사는 어떻게 행동하는가. 상사가 압박을 심하게 받고 있을 때, 어떤 태도로 일하며 팀을 이끄는가. 부하직원에게는 뭐라고 말하는가.

그게 여러분 상사의 본성이다.

상사라는 권력을 갖게 된 사람의 심리가 이러하다면 옳은 의견일수록 피하려 든다. 만약 여러분의 상사가 뭐든 자기가 맞고, 자기가 다 알고 있어야 하며, 타인을 조종하려 드는 타입이라고 해보자. 여러분이 그러한 상사에게 방대한 자료를 준비해 갔고, 그 방대한 자료는 상사도 아무 말 못할 정도의 완벽한 자료라 치자.

그때 권력동기가 강한 타입의 상사라면 여러분을 자기를 이기려 드는 권력동기가 강한 부하직원이라고 착각할지 모른다.

아무리 옳은 의견이라도 혹은 옳은 의견이기 때문에 더욱 상사가 여러분을 멀리할 가능성도 있다는 것을 염두에 두자. 미리 알아둬서 손해될 건 없다.

권력의 부패

뇌과학 분야에서 권력을 행사하는 데 열중하는 리더의 습성을 검증한 연구가 있다. 제 손에 권력이 있다고 느끼는 리더는 능력 있는 서브 리더에게 빈번하게 지시하고 어려운 과제를 내주며 압력을 행사하는 식으로 권력을 휘두른다. 공헌도와 성과도 낮게 평가하는 경향이 있었다.[49]

이러한 현상을 두고 사회심리학자 데이비드 킵니스와 연구자들은 '권력의 부패(power corrupt)'라고 이름 붙이고, 권력자들이 추락해가는 모습이라고 설명했다.

사람의 행동은 뇌 안에 있는 다음의 두 가지 신경 시스템(신경계)에 따라 제어된다.

● '행동 억제 시스템(Behavioral Inhibition System:BIS)'은 나쁜 일을 피하거나, 지금 하는 행동을 억제한다.
● '행동 접근 시스템(Behavioral Approach System:BAS)'은 보수나 목표를 향해 가는 행동을 부추긴다.

평소에는 균형을 유지하는 두 신경 시스템도 '권력의 부패'가 일어나면 어느 한쪽으로 기울어진다. 권력이 부패하면 '행동 접근 시스템'이 우위에 서므로, 평소보다 더 보수와 목표를 위해서 행동한다.[50]
여기에서 말하는 리더의 보수와 목표란, 두말할 필요 없이 권력을 계속 휘두르는 것이다.

'상대 시점'보다 '나의 시점'이 먼저

왜 사람은 권력을 손에 쥐면 상대를 조종하려고 들며, 잔학한 짓까지 서슴지 않는 걸까.
바로 상대의 관점이나 감정을 충분히 읽어내지 못하게 되기 때문이다.
컬럼비아대학교 비즈니스 스쿨의 갤린스키와 공동 연구자들은 권력과 관점의 관계성을 입증하려고 독특한 실험에 나섰다.[51]

우선 대학생을 모집하여 두 조건, [권력 유지가 높은 군]과 [권력 유지가 낮은 군]을 설정했다.

[권력 유지가 높은 군]의 대학생에게는 '생각대로 다른 사람을 움직이게 한 경험'이나 '타인을 평가할 때의 경험'을 서술하게 했다. 기록이라는 행동을 통해 자기에게 힘이 있다는 감각을 높이기 위해서다.

반면 [권력 유지가 낮은 군]의 대학생에게는 '타인의 의사대로 행동했을 때 경험'이나 '타인으로부터 평가받을 때 경험'을 서술하도록 했다. 이들에게 자신이 가진 권력이 크지 않다는 점을 연상시키려고 일부러 유도한 것이다.

이렇게 조건이 설정되었다.

그리고 나서 각 조건에 해당한 참가자들에게 재빨리 자기 이마에 매직으로 'E'라는 글자를 쓰게 했다. 사실은 이 실험을 통해 'E 글자의 방향'을 보고 싶었다.

[권력 유지가 낮은 군]에서는 상대가 글자를 읽을 수 있는 방향으로 썼다.

반면에 [권력 유지가 높은 군]에서는 E라는 글자를 자기가 읽을 수 있는 방향으로 쓰는 경향이 뚜렷했다. 상대가 보면 좌우가 바뀐 방향이다.

이 실험 결과를 보고 갤린스키와 공동 연구자들은 이렇게 결론지었다.

'권력을 손에 쥔 사람은 자기를 중심으로 세상을 본다.'

상사가 되려는 사람이 지위에 걸맞은 인성과 품격을 갖춘다면 이상적이겠으나, 현실에는 그렇지 못한 사례도 있다.

이번 실험이 시사하듯이, 본인은 미처 의식하지 못한 채로 불친절하게 E 글자를 거꾸로 써버린다

리더의 위치에 있는 사람이 정작 자기 악행에는 언제 그랬냐는 듯이 태연한 모습을 보여주는 것 같다.

기업이나 스포츠팀에서도 보면 권력의 부패는 특정 상사 한 사람의 문제로 끝나지 않는다. 대개 전체 조직 운영에 영향을 미쳐 결국 불상사가 벌어지곤 한다.

옳은 의견을 옳은 의견으로 받아들이는 윤리적 감각은 인간이 자기의 이기적인 마음을 아주 조금씩 내세울 때 결국 무너져내린다.

상향적 영향전략

부하직원의 영향전략에서 드러나는 '리더의 평가'

리더가 권력의 부패에 휩쓸리지 않게 하려면 어떻게 해야 할까.

조직심리학에서는 부하직원이 상사에게 자기 주장을 요구할 때 사용하는 방법을 '상향적 영향전략'이라고 부른다.

부하직원의 영향전략을 통해, 상사는 자기 모습이 부하직원 눈에 어떻게 비치는지 성찰할 기회로 삼아야 한다.

이러한 부하직원의 영향전략에는 9가지 종류가 있다.[52]

1. 합리성 : 사실을 바탕으로 증거와 전문적 정보를 제시하고 논리적으로 설명한다.

2. 열정성 : 열의를 담아 상대의 가치관과 이념에 호소한다.

3. 상담성 : 의사결정이나 계획 입안에 참여하거나, 지원이나 조언을 요청한다.

4. 영합성 : 상사의 기분을 살펴서 의견에 동조하는 '가짜 민주주의'적 행동

5. 교환성 : 승낙해주면 다음에는 반드시 돕겠노라 약속한다. 예전에 도와준 점을 강조한다.

6. 개인성 : 요구하기 전에, 개인적 관계를 내세워서 부탁한다.

7. 더욱 큰 권위성 : 더욱 높은 권위자의 지지, 규칙, 관습 등을 방패로 호소한다.

8. 주장성 : 따라야 할 규칙을 내세우며 반복하여 요구한다. 때로는 협박이나 압력도 포함한다.

9. 결탁성 : 동료나 자기의 부하직원에 내린 지시를 내세우며 호소한다.

예를 들어 1번은 합리적 전략이고 2번은 정서 면을 중시한 전략이다.

열거한 순서에 따라 숫자가 작을수록 유연하고, 클수록 강력한 영향전략이다.

부하직원은 상사와 인간관계가 원만하다고 생각하면 자기의 요구를 관철하고자 할 때 합리성이나 열정성을 갖고 상사에게 간청한다.

그러나 부하직원이 7번이나 8번, 9번과 같은 강력한 영향전략으로 상사 앞에 선다면 이들의 사이는 상당히 위태로운 상태다. 부하직원으로부터 신뢰받지 못한다고 해도 과언이 아니다.

전략을 고르는 부하직원의 마음

부하직원이 상사 앞에 설 때 어떤 전략을 쓸 것인가. 이를 결정하는 요인은 몇 가지 있다.

일반적으로 사람은 자기의 언행이 어떤 결과를 초래할지 효과를 예측하고 자기가 실행할 수 있는 범위 내에서 가장 효과적인 영향전략을 선택한다.

이런 경우 상대, 즉 상사가 누구이고 어떤 타입인지가 중요하다. 전제적이고 독재자 스타일인 상사와 팀워크를 중시하며 배려심 있는 상사를 상상해보시라. 이해하기 어렵지 않다.

상사가 전제적인 독재자 스타일이라면 수긍하지 못할 지시를 내리더라도 그저 묵묵히 따른다. 요구사항을 이야기할 때도 상사의 기분이 상하지 않도록 고분고분하게 필요 이상으로 눈치를 본다.

반면 상사가 민주적이라면 이해할 수 있게 설명해달라거나 현재 업무 상황을 고려해달라고 의견을 피력할 것이다.

앞서 이야기한 대로, 사회적 자원교환의 관계, 즉 자원교환이 빈번하고 서로 신뢰하는 상사에게도 마찬가지다. 부하직원은 무엇이든 합리적으로 설명하고, 기한과 협력체제를 의논하며 대안을 제시하는 등 해결하려는 노력을 아끼지 않는다.

또 무엇이 여러분의 말과 행동을 좌우할까.

예를 들어 요구한 내용, 즉 과제에 따라서도 우리는 영향전략을 구분하여 사용한다.

업무의 개선안이나 상품기획, 예산을 계획한 대로 승인받고자 할 때, 참여하고 싶은 프로젝트에 지원하고자 어필할 때 등 조직적인 목표와 그에 따른 요구사항이라면 객관적인 데이터를 포함해가며 논리적으로 설득하고자 애쓴다. 합리성 전략이다.

뜻을 같이하는 동료를 모아 의견을 정리하여 직접 호소할 가능성도 크다. 결탁성 전략이다.

한편, 육아나 기타 가정사로 개인적인 배려를 부탁할 때는 어떨까? 분위기가 좋을 때를 골라서 공손하게 이야기를 꺼내는 경향이 있다. 영합성 전략이다.

흥미롭게도, 많은 사람이 업무 면에서는 합리성 전략이 가장 효과적이라고 하고, 연구에서도 그 효과를 인정하고 있다.[53]

그런데도, 업무상 다양한 요인을 고려하면 논리만으로 밀어붙일 수도 없다. 때로는 상대를 배려하여 웬만하면 서두르지 않고 해결하고자 영향전략을 조정한다.

상황에 따라 성질이 전혀 다른 전략을 선택하기도 한다. 이를테면 복수나 반역과 같은 거다.

요구한 바가 관철되기를 바라는 마음이 클수록 강력한 전략에 눈길이 간다. 불만이 생기고 다시 반복되고, 제안서나 개선안에 대해 가타부타 말도 없는 데다가 아무리 시간이 지나도 감감무소식이고, 누가 봐도 부당한 대우를 받는다고 느낄 때 등이다. 이쯤 되면 부하직원에게는 직장인으로서 사활을 건 투쟁 그 자체가 된다.

조직에서의 발언력을 높이려면

정치경제학자 허시먼(Albert Otto Hirschman)은 조직에 속한 사람에게는 세 가지 옵션이 있다고 말했다.

조직의 구성원이기를 그만두는 '이탈(exit)', 조직 구성원으로서 목소리를 내고 조직 개선을 위해 노력하는 '항의(voice)', 그리고 조직과의 관계를 더욱더 강하게 만들려는 '충성심(loyalty)'이다.

허시먼에 따르면 충성심이 강한 사람일수록 이탈을 결심하기 전까지 많이 고민하고 항의도 한다.

이런 사람은 조직에서의 이탈을 마음속 깊숙이 가장 확고한 선택지로 품고 있다.

그런 그가 결국 이탈을 각오하고 이직을 염두에 둔 듯이 발언하면 상사도 조직도 동요하여 어떻게든 대책을 세우려고 든다. 즉 충성심은 발언력을 키우는 데 필요한 행동이라는 뜻이다.

하지만, 부하직원이라면 반드시 염두에 두어야 할 유의점도 있다.

아무리 훌륭한 아이디어인들 자기 존재를 어필하거나 자기 입장을 유리하게 만들려는 이기적인 동기만을 드러내고 있다면 기대할만한 성과는 얻지 못한다. 허시먼에 따르면 '항의는 "이익의 표명"으로 인식'되기 때문이다.

만일, 상사가 부하직원의 주장을 조직이나 동료를 배려하지 않고 자기 이익만을 지키려는 발언이라고 받아들였다면, 부하직원에 대한 상사의 인상은 나빠지고 기대하는 만큼의 결과도 얻지 못한다. 자신의 발언이나 아이디어가 상사에게 의미있게 전해지려면 자기뿐 아니라 동료나 같은 처지에 있는 사람의 고통을 도와주기 위한 일이라고 상사도 인식했을 때다.

특히 권력동기가 강한 상사에게 부하직원의 이기적인 동기는 자극이 되어 나쁜 영향을 미치기도 하므로 반드시 주의한다.[54]

몰락하는 조직 리더에게서 보이는 공통된 행동

상사로서도 충성심 있는 부하직원이 입바른 소리를 했을 때 일반적인 경우라면 나름대로 인식하고 대응할 것이다. 그런데, 상사가 사태를 제대로 파악하지 못하면 조직을 쇠퇴의 길로 끌고 간다.

조직이 몰락에 직면했을 때 관리자 계층이 보이는 세 가지 행동 패턴은 발언을 무시하는 '묵살', 일상 업무를 적당히 넘기는 '타성', 그리고 조직에서 내쫓는 '배제'다.[55]

부하직원의 생각을 헤아리거나 적절히 대처하기는커녕 위와 같이

처신한다.

상사는 부하직원이 어떤 전략을 도입하는지만 봐도 그의 조직과 업무에 대한 인식이 어느 정도이며, 목표와 신념이 무엇인지 등 특징을 알 수 있다. 또 상사의 리더십 스타일이 부하직원에게 어떻게 보이는지 추측할 수 있다.

이처럼 성찰력은 조직의 몰락을 피하는 데 필요한 자구노력이다. 뛰어난 리더로서 우뚝 서려면 평소 사리를 분별할 줄 아는 감각을 키워야 한다. 또 위험을 각오하고 목소리를 내야 했던 부하직원들의 심정을 헤아릴 줄 알아야 한다.

중요 포인트

- '자리가 사람을 만든다'라는 말은 나쁜 의미로도 딱 그렇다. 권력이 생길수록 사람은 자기 이익에 몰두하기 마련이라, 상대의 처지에서 사물을 보기 어려워진다.
- 리더가 자기 이익에 몰두할수록 구성원에게 신뢰를 잃게 되므로, 리더에게는 타인에게 얼마나 신뢰받고 있는지 인식하는 힘인 '성찰력'이 있어야 한다.
- 리더는 자기에 대한 구성원의 영향력 행사 방법을 직시할 줄 알아야, 반성할 기회가 생긴다.
- 구성원이 강력한 방법으로 항의한다면 리더의 신뢰가 떨어지고 있다는 뜻이므로 조심해야 한다.

Part

05

조직을 망치는 원흉 5: 불신

완전히 무너진 조직을
다시 세울 수 있을까?

한 기업에서 강연을 마쳤더니 한 참가자가 이렇게 질문했다.

"이미 끝난 관계일 때는 어떻게 하면 좋을까요?"

여러분이라면 뭐라고 대답하겠는가.

그때 이후 필자는 이 질문의 해답을 찾아서 연구를 계속하고 있다. 상사와 부하직원의 관계성에 관해서 많은 연구가 진행되었으나, 관계가 악화했을 때의 대처법은 아직 연구 중이다.

많은 사람이 경험에 의지하여 대처해왔거나 미처 풀지 못한 문제로 남아 있다. 인터넷을 검색하면 대처법으로 저주 인형 사이트를 추천할 정도로 상황이 심각하다. 이 질문자와 같은 고민을 하는 분들의 상황을 가정하여 조직심리학 연구로 밝혀진 부분을 이야기해보려고 한다.

인간관계가 무너져내린 직장에서 일을 제대로 해낼 수 있을까. 왜냐하면 일은 누군가의 수요로 처음 만들어지고 그에 맞추고자 활동하는 것이기 때문이다. 일정한 수준으로 관계가 원만하게 유지되어야, 더욱 나은 성과를 기대할 수 있다.

데이터에 따르면, 부하직원 중에 관계성 악화와 붕괴를 경험하면서 자기 업무수행이 저하되었거나 매우 저하된 적이 있다는 사람이 과반에 이르렀으며, 같은 부서 사람의 업무에 나쁘거나 매우 나쁜 영향을 주었다는 사람이 60%를 넘었다.[56]

따라서 조직에서 일하는 사람, 특히 리더의 자리에 있는 사람은 관계성의 악화와 붕괴를 느꼈을 때 나타나는 사람의 심리를 반드시 알아둬야 한다.

3장과 4장에서 다루었던 불만 있는 사람과는 양상이 다르다.

노여움과 분노 외에 실망과 마음의 상처 등 인간의 어두운 내면이 더해지기 때문이다. 만약 인간의 어두운 내면을 충분히 인식한다면 인간관계의 질을 다시 끌어올릴 수 있다고 생각한다.

한순간에 무너지는
신뢰 관계

단 한 번의 이기적인 행동

직장인의 현장 모습부터 공유하며 이야기를 시작하려고 한다.

신뢰를 잃는 것은 '한순간'이다. 이 '한순간'이 되어 버린 결정적 사건이 무엇인지는 각자 떠오르는 장면이 있을 것이다. 물론 분명하게 인식하지 못했을 수도 있다.

우선 인터넷을 통해 20대부터 60대까지 직장인 성인남녀를 대상으로 설문 조사를 했다.

대상자에게 상사 혹은 부하직원을 한 사람 떠올리게 하고, '신뢰 관계가 어떻게 변화했는가?'에 대해 신뢰의 정도를 점수로 평가하여 그 변화를 조사했다.[57]

조사 결과, 신뢰 관계가 떨어진 사례의 절반 이상이 '처음 만났을 때의 신뢰 관계를 얼마간 유지했으나, 어느 날의 사건을 계기로 급격히 나빠졌다'라는 양상을 보였다.

더욱이, 약 1년 정도 같은 부서에서 함께 일하며 서로에 대해 성격이나 사람됨을 파악했을 때쯤 신뢰 관계가 무너지는 일이 벌어졌다.

뒷담화가 당사자에게 전달되었을 때의 충격

이번 조사에서는 신뢰 관계가 무너지는 계기가 된 사건도 알려달라고 요청했다.

신뢰가 무너지게 된 시작의 대부분은 상대에 대한 매우 공격적이고 신랄한 언행이나 혹은 보이지 않는 곳에서 비난하는 것이라고 지적했다.

여러 사례 중 하나를 보면 '어느 날, 나 없는 데서 불만을 늘어놓았다는 얘기를 들었다'라는 식이다.

이 말을 전해 들은 그날부터 관계성이 무너졌다는 내용이 상사나 부하직원을 막론하고 올라왔다.

참고로 이를 '윈저 효과(Windsor Effect)'라고 하는데, 당사자가 아닌 제3자를 통해 들은 이야기가 더 큰 효과를 발휘한다는 것이다. 상사가 내 얼굴을 보며 직접 '당신을 높이 평가한다'고 말하는 것보다 동료를 통해 "당신의 상사가 '○○씨는 장래가 촉망되는 사원'이라고 말하는 것을 들었다"고 전달받으면 더 신뢰성 있게 들리는 심리작용을 말한다.

윈저 효과라는 명칭은 알린 로마노네스(Aline Romanones)의 미스터리 소설《The Spy Went Dancing》에서 유래했다.

알린 로마노네스의 소설에 등장하는 윈저 공작부인이 '제3자의 칭찬이 가장 효과가 있지요. 잊지 마세요.'라고 한 말에서 유래했다. 윈저 효과를 이용하여 당사자가 없는 곳에서 그 사람을 칭찬하면 그 칭찬의 효과는 더욱 높아진다.

사람의 기분이나 관계성은 변덕스럽고 취약하기 그지없다. 그래서 사람들은 제삼자를 마치 객관적으로 판단하는 존재로 여기고, 그가 인정하면 안심하고 그렇지 않으면 더더욱 치밀하게 따지려 든다. 이 같은 심리적 작용 때문에, 인터넷 쇼핑 후기 등이 기능하는지도 모른다.

무엇이 됐든, 우리의 말은 생각 이상으로 좋게도 나쁘게도 영향이 있으며, 예상치도 못한 위험을 내포하고 있다.

나쁜 일이 생기면 상대의 인간성부터 의심

또 "부하직원이 자기가 한 실수를 숨겼다가 들켜서 하마터면 큰일이 날 뻔했다."라는 바로 그날부터 신뢰 관계가 무너진 사례도 있다.

이를 잘 보면 실수한 데다가 이를 숨기기까지 한 불성실함, 그로 인한 조직 차원의 심각한 영향이라는 삼중구조를 가지고 있다.

실수 좀 숨겼기로서니 그로 인한 충격이 파괴적인 수준이었다고 한다면 과장일까. 하지만 상사는 너무도 많은 부정적 감정에 휩싸이게 된다. 부하직원이 신뢰할만하다고 기대한 순간 '설마 그 직원이?' '하필 이럴 때 말도 안 되는 실수를 저질렀을까?', 더욱이 '숨기기까지 한 건가?' 하고 배신당한 충격과 실망감, 분노, 혹은 상대를 신뢰하려던 자신에 대한 자책까지 느끼게 되기 때문이다.

더구나 이러한 부정적인 감정은 상대의 성격과 됨됨이에 대해 원래 '그런 사람'이었다고 확신하게 한다.

만약 정말 의외의 일이어서, 상황이 이래서 어쩔 수 없다고 정상 참작할 여지라도 있다면 관계가 무너지지는 않는다.

그러나 우리는 어떤 한 사람이 오랜 시간 키워온 성격과 가치관, 도덕관 등이 쉽게 바뀌지 않는다는 것도 잘 안다.

나쁜 짓, 더욱이 심각한 수준이라면 더욱 원인을 상대의 성격에서 찾으며 '두 번 다시 이런 사람과는 함께 할 수 없다'라고 단정한다. 마음 편한 상대라고 생각되지 않기 때문이다.

반면에, 신뢰 관계가 무너진 계기가 상사에게 있는 사례도 있다.

'거래처와 만나기로 했는데 상사가 유급휴가를 써서 해외여행 갔다.'

'상사가 부하직원인 내 공을 가로채서 위에 보고했다.'

'부하직원인 내게 모든 업무 책임을 돌리려고 한다.'

'상사가 회의록을 무단으로 고치라고 지시했다.'

이 같은 사례는 부하직원에게 그날, 그 순간에 치명적인 불신감을 안겨준다. 어느 날 밝혀진 비윤리적 언행이나 가치관, 이기적인 행동, 상사의 권력 부패를 알게 됐을 때 신뢰 관계는 나락에 빠진다.

신뢰 관계가 무너진 상사와 부하직원의 속마음

상사와 원만하게 지내던 부하직원에게 비하면 상사와 어색한 부하직원은 참담하다.

앞선 조사에서 상사와의 신뢰 관계가 무너진 부하직원의 대답 중에는 다음과 같은 비통한 목소리도 있었다.

상사에게 '사람을 업무능력만으로 차별하지 말아달라' '부하직원이 하는 얘기를 듣고 대처해주길 바란다'라는 등, 최소한 상식적인 태도와 양식을 가지고 행동하기를 바란다는 내용이었다.

심지어 이런 원망 섞인 이야기도 있었다.

'상사에게 바라는 건 없다. 그만두는 거 외엔' '차라리 없어져 버렸으면 좋겠다'라는 등. 분노인지 비탄인지 모를 속마음이 적혀 있었다.

상사도 역시 관계가 원만하지 않은 부하직원이 있으면 상당히 고

심한다.

설문 조사지에 대답할 칸이 충분한데도, '일일이 쓸 수 없을 정도 다' 혹은 '할 말은 많지만 하지 않겠다'라고만 적어놨다.

그리고 부하직원에게 바라는 게 있냐는 질문에는 '평범하게 대해 줬으면 좋겠다'라는 한 줄만 적어놨다. 상사도 사람이다.

업무 때문에 생긴 일이라며 애써 이성적으로 한순간 잘 넘겼다고 해도, 마음속으로는 이처럼 격렬하게 분노하며 상처받고 있다는 걸 잊지 말자.

부정적인 감정은 건강에도 나쁜 영향

더욱이, 우리 몸은 부정적인 감정에 그대로 반응한다.

대표적인 증상으로는 '뭘 해도 기분이 나아지지 않는다' '새로운 걸 배워야 하는데 머리에 들어오지 않는다'처럼 의욕 저하, 사고 정지 등을 꼽을 수 있다.

환경이나 업무에 아무런 변화가 없어도, 상사와의 관계가 껄끄러워 지는 것만으로 '머리가 지끈거린다' '토할 것 같다' '불면증이 생겼 다' 등의 신체적 증상이 나타나기도 한다.

참고로, 수면 부채(sleep debt)는 현대사회에서 나타나는 가장 큰 문제로, 일본에서는 이로 인한 경제적 손실이 연간 약 15조 엔을 넘는다고 보고됐을 정도다.[58]

이 문제는 직장 내 인간관계와 성인 전체의 일하는 방식과 관계가 있다고 지적되었다. 경영자를 포함하여 조직 차원에서의 대응과 해결이 필요하다. 적어도, 인간관계에서만큼은 수면 부채가 차지하는 비중을 줄여갔으면 하는 바람이다.

2019년 3월, 내각부는 중장년층을 대상으로 '은둔형 외톨이'를 조사한 결과를 발표했다.

그에 따르면 한창 일할 나이인 40세부터 64세 중에서 반년 이상 집에 은둔한 외톨이는 전국적으로 61.3만 명이었다.

이 숫자는 15세부터 39세 중 은둔형 외톨이를 추계한 54.1만 명을 크게 웃돌고 있어 매우 충격적이다. 심지어, 이 중 과반수가 7년 이상 은둔형 외톨이로 지냈다.

집 밖으로 나오지 않게 된 동기도 보면 순서대로 '퇴직해서(36.2%)' '원만하지 않은 인간관계 때문에(21.3%)' '질병으로(21.3%)', '직장에 적응하기 힘들어서(19.1%)' '취업이 되지 않아서(6.4%)'였다. 즉 13만 명 정도는 인간관계를 문제로 은둔을 선택했다.

여기에 직장 부적응 문제까지 더하면 무려 25만 명에 이른다. 이들에게 생활 수준을 묻자 3명 중 1명은 상중하 중 '하'라고 대답했으며, 40%는 고민이 있어도 아무에게도 털어놓지 않는다고 대답했다.

신뢰 관계 회복을 위한 행동 1
사과와 용서

직장에서는 상사와 부하직원이 업무상 좋은 파트너여야 개인에게도 조직에도 최선일 텐데 어떤 경우에는 상대에게 마음의 상처를 주고 착취하고 관계를 단절하기까지 한다.

4장에서 소개한 '스탠퍼드 감옥 실험'의 책임자였던 심리학자 짐바르도는 말하기를, '선량한 인간이나 매우 평범한 인간이 악마가 되기까지는 단계가 있다'라고 했다.

그리고 이렇게 부연했다.

'정상적인 머리로 정상적이지 않게 행동하는 게 악이다.'

그렇다면 인간관계 안에서 이러한 '악'에 한번 걸리면 더는 원상회복이 안 되는 걸까. 방법만 안다면 물론 되돌릴 수 있다. 여러분에게 원상회복하고 싶다는 마음이 있는 한, 가능하다.

솔직하게 말하자면 관계성을 100점 만점으로는 되돌리지는 못하 겠지만, 0점에 가까운 최악의 사태는 피할 수 있다는 뜻이다. 조사 에 담긴 목소리나 데이터를 보면 가능해 보인다.

이제부터 구체적인 실천 방법을 소개하려고 한다.

특히 인원수가 많지 않은 직장이라면 더욱 관계 회복이 필요하다. 인간관계의 회복과 재구축을 위한 방법과 생각들을 부연 설명하 며 살펴보고자 한다.

사과의 영향력

컬럼비아대학교 비즈니스 스쿨의 갤린스키 교수와 펜실베이니아 대학교 와튼스쿨 슈바이처 교수는 《관계를 깨뜨리지 않고 원하는 것을 얻는 기술》(토네이도, 2016)에서 사우스웨스트 항공의 최고 경영자 게리 켈리(Gary Kelly)의 사례를 '분노를 잠재우는 사과' 로 들고 있다.

2005년 12월 8일 사우스웨스트 항공 1248편은 시카고 미드웨이 국제공항에 착륙할 때 사고를 일으켰다.

기체는 정지 지점을 지나 활주로를 벗어났고 도로를 달리던 자동 차와 충돌. 6세 남자아이가 사망하고 탑승자 중 13명이 다쳤다.

사우스웨스트 항공 35년 역사상 처음 발생한 사망사고로 그야말로 신뢰에 대한 배신이었다. 사고 발생 후 몇 시간 지나지 않아, 당시 사우스웨스트 항공 최고경영자 게리 켈리는 회견을 열었다.

"오늘은 여기에 있는 모두에게 매우 슬픈 날입니다. 눈 앞에 펼쳐진 이 참담한 비극을 무슨 말로 위로할 수 있겠습니까. 비행기와 충돌한 차에 타고 있었던 자녀분이 사망하셨으니, 그저 통탄스러울 뿐입니다. 사우스웨스트 항공에서 일하는 저희 전 직원은 자녀분의 명복을 빌며, 가족 여러분께 진심으로 애도의 마음을 전합니다. 저희 임직원 모두는 사력을 다해 사고를 당한 여러분께 보상하고 정보를 제공하는 데 최선을 다하겠습니다."

더욱이 켈리는 회사의 수뇌부와 함께 곧바로 사고 현장인 시카고로 날아가, 다시 한번 기자회견을 열었다.
그는 부상자들을 걱정하며 지원을 다짐했다. 더불어 사고조사 결과를 전면 수용하고, 개선 권고에는 조건 없이 따르겠노라 약속했다.
켈리의 사죄에 시카고 트리뷴지는 '빨랐다' '배려 넘쳤다'라고 평가했다. 실제로 사고에 대한 켈리의 대응은 기업에 이루 헤아릴 수 없을 반향을 불러일으켰다.
이듬해 2006년 사우스웨스트 항공의 수요는 8% 상승했고 사상최고 수익을 기록했다.

켈리의 사과가 평가받는 이유가 뭘까?

갤린스키와 슈바이처는 다음의 여섯 가지를 '마음을 얻을 수 있는 사과의 요소'로 들었다.

1. 재빨리 사죄한다 – 잘못을 저질렀을 때는 무엇보다 속도가 중요하다.

2. 변명하지 않는다 – 사죄는 솔직해야만 한다.

3. 약자를 자처한다 – 한번 잃어버린 신뢰를 되찾을 때도 자신을 약자로 두는 것은 중요하다.

4. 상대를 먼저 생각한다 – 사과할 때는 나보다 상대를 먼저 고려해야 한다.

5. 변화를 약속한다 – 앞으로 어떻게 할 것인지 명확하게 제시한다.

6. 선물로 '배상' 신호를 보낸다– 선물은 인간관계를 회복하는 과정에서 역할이 큰데, 사죄하는 마음을 이해하기 쉽게 전달해준다.

반대로 사고가 발생한 직후에 제대로 사죄하지 못한 탓에 오래도록 신뢰를 회복하지 못해 고통받던 기업도 있다.[59]

일본에서는 2000년 이래, 제품 사고와 식품 원산지 위조, 유효기간 조작 등 조직적인 문제가 속출하자, 사과에 관한 연구가 확대되었다.

2000년에는 저지방 유제품 등이 원인이 된 유키지루시(雪印) 집단

식중독 사건이 터졌다. 보건소는 식중독 의혹으로 유키지루시 공장을 압수수색했고 문제 제품을 전량 회수하라고 지도했지만, 유키지루시가 내부적으로 판단을 미룬 탓에 혼란만 가중되었다. 이후 전량 회수를 약속하고 기자회견을 열긴 했지만, 최종적으로 식중독을 인정받은 피해자 수는 1만 5천여 명에 달했다.

치명상이 된 건, 기자회견이었다. 기자단으로부터 회견 시간을 연장해달라는 요구가 있었으나, 사장은 "그딴 소리 해봤자일세, 내가 지금 한가한 줄 아나!"라고 일축했고, 이 한 마디는 맹렬한 비난을 사기에 충분했다.

사장은 곧바로 사죄했지만, 유키지루시 그룹 전체의 신뢰를 실추시켰고, 경영은 악화 일로를 내달렸다. 이를 계기로 먹거리 안전을 더욱 중시하게 됐다.

엎친 데 덮친 격일까, 2002년에는 광우병 문제가 수면 위로 급부상하며 발생한 유키지루시의 소고기 원산지 위조 사건까지 터지며 그룹은 해체와 재편을 겪었다. 이후 유키지루시가 걸었던 재건의 여정이 얼마나 험난했을지는 감히 상상할 수 없을 정도였다.

원숭이들의 세계

자, 이쯤에서 시선을 동물의 세계로 돌려보려고 한다.

여러분은 동물원에서 침팬지들이 생활하면서 서로 털을 빗겨주는 그루밍이라는 행동을 본 적이 있는가?

네덜란드 심리학자 프란스 드 발(Frans de Waal)의 설명에 따르면 그루밍(grooming)은 사이좋은 침팬지끼리 편안히 앉아 몸을 깔 끔하게 할 뿐 아니라, 싸우고 나서 상대의 기분을 살피거나 화해하고 싶을 때, 혹은 더욱 깊은 인연을 맺으려 할 때 나오는 행동이다. 그중에서도 붉은얼굴원숭이가 싸운 뒤 얼마나 수습을 잘하는지, 절로 감탄하게 된다. 성인 원숭이는 얼굴이 하도 새빨개서 혈기가 왕성한 건지 취한 건지 헷갈릴 정도지만, 분쟁이 적고 평화로운 사회를 구축하며 지내는 종이라고 한다.

싸움이 시작되려고 하면 털을 빗겨주기도 하고 상대가 살짝 깨물도록 자기 팔을 내어주는 등, 마치 키스하듯이 스킨십한다.

NHK의 〈다윈이 왔다!〉라는 프로그램에는 우두머리 역할을 하던 수컷 원숭이가 갑자기 사라지자 서열 싸움이 시작된 모습이 잘 담겨 있다.[60]

평소에는 거의 일어나지 않는 큰 싸움이 벌어지자, 평화를 되찾으려는 대사처럼 제 역할을 다한 건 바로 얼굴이 하얀 새끼 원숭이들이었다.

상황을 지켜보던 새끼 원숭이들은 절묘한 타이밍에 용감하게 성인원숭이들의 싸움에 끼어들었다. 그러자 성인 원숭이들은 놀라울 정도로 재빠르게 다가가서 새끼원숭이들을 달래기 시작했고, 언제 무슨 일이 있었냐는 듯이 싸움이 잠잠해졌다.

이러한 원숭이들의 세계를 보면 함께 지내며 화해하는 일이 얼마나 중요하고 필요한 일인지 잘 나타나 있다.

새끼 원숭이들의 생각을 받아들인 성인 원숭이들이 기대에 부응하려는 과정에는 우리 인간이 배워야 할 관계 회복이 어떤 모습인지가 잘 집약되어 있다.

나쁜 짓을 하고 폐를 끼쳤다면 잘못을 빈다. 만일 실수했다면 두 번 다시 반복하지 않겠노라고 다짐하고 용서를 빈다. 어렸을 때부터 배웠고, 그 후로도 계속 배웠는데도, 어른이 되고 지위도 상승하는데 정작 본인은 언제부터인가 사과를 잊고 산다.

사실, 감사의 말도 마찬가지다. 사죄도 감사도 상대보다 자기를 낮추는 행위이기 때문이다. '죄송하다'라는 말은 자기 잘못을 인정하며 상대에게 용서를 구한다는 구도를 스스로 준비한 행위다.

'감사하다'라는 말도 마찬가지로, 당신 덕분에 내가 도움을 받았다며 상대방을 높이고 상대적으로 자기를 낮추는 행위다. 누구나 들으면 절로 입가에 웃음이 지어지고 마음이 누그러지는 말인데도, 다들 그런 것을 표현하는 것에 인색하니 정말 안타깝기 그지없다.

앞서도 화제로 삼았듯이 상대보다 자기가 우위에 있다고 생각하는 사람은 권력과 체면을 세우는 데 온 신경을 집중한다. 그런 사람에게 일부러 자기를 낮추라니 굴욕적일 뿐이다.

그러나 사우스웨스트 항공 대표 켈리의 사과처럼, 약자 위치에 있는 자기 현실을 받아들이고 상대를 최우선으로 생각해야 상대와의 관계를 회복할 수 있다.

배신자 대처법

마찬가지로, 상대를 용서하느냐, 용서해야 하느냐는 문제도 난제가 아닐 수 없다.

지금까지 사회심리학이나 진화심리학, 경제학 등에서는 '반복되는 죄수의 딜레마'에 관한 연구가 산더미처럼 쌓여 있다.

'죄수의 딜레마'란, 두 사람의 플레이어가 '협력'과 '배신'이라는 선택지 가운데 서로에게 협력하면 두 사람의 이익이 최대가 되지만, 자기만 살아남겠다고 상대를 배신하면 개인에게 이익이 아주 조금인 상황을 가리킨다.

또한 '반복되는 죄수의 딜레마'란 죄수의 딜레마가 반복되면서 두 플레이어가 '협력'과 '배신' 중 하나를 계속 선택하는 상황이다.

이들 연구에서는 배신당한 사람이 배신한 사람을 용서하는 게 중요하다는 결론을 얻었다. 처음에는 협력하고, 배신하면 되갚아준다. 하지만 상대가 협력해오면 자기도 협력한다. 이렇게 상대의 행동을 따라 하는 '팃포탯 전략(Tit for Tat, TFT Strategy)'은 장기적으로 보면 득이라는 결론이다.[61]

협력하지 않으면 앙갚음당하는 식으로 결국 서로 소모전을 벌이게 된다. 즉 협력관계를 단절하고 자기만 살아남겠다는 건 '최선'의 전략이 아니다.

이러한 과정을 보면 보복도 생각해볼 수 있지만, 깔끔하게 물러나는 게 더 중요해 보인다. 옳은 의견이라면 주장을 해볼만도 하지만, 상대의 반응이나 반성 정도와 상관없이 언제까지고 자기 생각만 옳다고 밀어붙이다가는 오히려 관계는 꼬이기 십상이다.

만약 여러분이 상대에게 협력하지 않고 배신하여 상대로부터 보복당했다면 어떻게 할 것인가.
같은 연구 영역에서 밝혀진 바에 따르면, 이런 경우 여러분은 상대의 보복을 받아들여야만 한다. 그리고 여러분이 자기의 배신행위를 후회한다는 모습을 상대에게 보여주면 협력관계는 점차 정상화된다.
이런 사례의 연구 결과를 보면 설령 상대가 배신하고 협력하지 않았어도 후회하는 모습이 진실로 느껴지면 상대를 용서한다. 자기가 잘못을 저질렀다면 알아차린 즉시 뉘우치고 이를 표현해야 한다.
로마 제국의 정치가이자 철학자인 세네카도 이와 관련된 글을 남겼다.

누군가를 용서하는 것이 죽기보다 싫다고 느껴질 때는
세상 사람 모두가 냉혹해진다면 어떤 좋은 점이 있을지 생각해보라
스스로 용서를 거부했던 사람이 다시 엎드려 용서를 구하는 일이
얼마나 자주 벌어지는가?

과거 자신이 매정하게 퇴짜를 놓았던 자의 발에 매달려 굽신대는 경우도 있다

분노를 우정으로 바꾸는 것보다 더 아름다운 일이있을까?

누군가 당신에게 화를 내고 있다면 오히려 친절함으로 대해야 한다

말싸움은 한쪽에서 먼저 양보를 하면 곧바로 끝난다

싸움에는 상대가 필요하기 때문이다.

루키우스 안나이우스 세네카 〈세네카의 화 다스리기〉 중 (소울메이트, 2019)

적극적으로 물러서겠다는 의지를 따른다면 관용과 용서로 이어지고 '악'의 흐름에서 희생자가 되지 않는다. 하물며 조사 데이터도 이를 방증한다.

내면에 악한 마음이 깃들어 있을 때야말로 '하루 한 번 대화'나 '인사하기'를 '내가 먼저 해서' 관계 회복에 성공했다는 사연도 있다.

더욱이 이러한 행동들을 상대의 반응과 상관없이 꾸준히 반복했다는 점이 중요하다.

첨언하자면 깊이 상처 주고 또 상처받기 전에, 업무상 도움이 되는 존재라고 상대가 나를 인정하도록 관계를 미리 다져두어야 한다.

이처럼 관계성이 가치가 있는 것은, 가해자든 피해자든 마음을 누그러뜨리고,[62] 가해자가 사과하도록 유도하기 때문이다.[63]

그래도 당한 건 나인데 상대를 용서할 수 있을까. 솔직하게 상대에게 곧바로 사과할 수 있을까. 다가가서 말을 걸 수 있을까.

마치 사람을 시험하는 듯한 이야기지만, 이러한 행동은 사태를 수습하는 확실한 방법의 하나다.

사과하면 내 스트레스도 줄어들까?

더욱이 사과라는 행동은 상대를 위한 것이기도 하지만, 나를 위한 것이기도 하다.

캐나다에 있는 뉴펀들랜드 메모리얼 대학교의 번과 공동 연구자들은 전일제로 일하는 부하직원과 부하직원이 세 명 이상인 상사를 대상으로 조사했다.[04]

이번 조사를 통해 상사가 자기 사리사욕과 출세에만 매달리고, 지식과 대인 기술 부족으로 부하직원의 마음에 상처를 입혔을 때, 상사가 잘못을 인정하고 사과하면 어떤 효과가 있는지 밝혀졌다.

상사가 부하직원에게 제대로 사과할수록 부하직원도 상사 자신도 심리적으로 안정을 찾았다. 심지어 사태가 심각했을수록 효과도 컸다. 상사 역시 자기의 지식과 기술 부족을 인정한 후 사과하고 향후 다짐을 설명할수록 자신이 심리적 안정을 되찾았다.

우리는 체면 차리기에 매달리다가 정말로 소중한 말과 관계를 잃어버리는 일은 없어야 한다.

신뢰 관계 회복을 위한 행동 2
상담을 청하다

상사가 상담을 청한 부하직원일수록 동료를 돕는다

한번 어색해진 관계를 수습하고 회복하려면 정신적으로 매우 큰 노력이 필요하다. 상사든 부하직원이든 이대로는 안 된다고 생각하면서도 괜한 자존심이나 고집을 내세우며 현재 상황에서 벗어나지 못한 채 머뭇거리는 경우도 적지 않다.

그런데도 상사가 뭐라도 해보고자 할 때, 효과를 기대할만한 대처법에는 무엇이 있을까.

바로 부하직원에게 업무적으로 상담을 청하는 것이다. 이는 상사가 부하직원에게 받는 도움이 얼마나 큰 의미인지 잘 알고 있으며, 그의 건설적인 의견을 의사결정에 반영하겠노라고 넌지시 속내를 내보이는 전략이다.

미국의 리더십 연구자인 스패로(Sparrowe, R.)와 연구팀 분석 결과에 따르면 비록 관계가 불편한 상사일지라도 그로부터 상담 요청을 많이 받은 부하직원은 직장 내 동료들을 자주 도왔다. 비록 자기와 관계가 없는 업무여도 주저하지 않았다.[65]

상사의 상담 요청이 부하직원의 협력을 끌어낸다는 것은 무슨 뜻일까.

상담은 매우 겸허하며 전략적인 행동으로, 자존심이 높은 상사라면 다음처럼 생각하면서 내켜 하지 않는다.

"상담을 청하고 싶은 부하직원이라면 처음부터 이런 사이가 됐을까?"

하지만 상담에는 부하직원을 자연스럽게 업무에 전념시키고 건설적인 의견을 끌어내는 기능이 있다.

참고로, 상사의 상담 요청은 직장에서 해당 부하직원의 재평가로 이어지고 상사에게 인정받았음을 널리 알릴 기회가 된다.

누군가 자기를 믿고 의지하는 데 거부할 사람은 없다. 하물며 평가자인 상사가 나에게 도움을 구하고 내 의견이 의사결정에 반영된다면 더욱 그렇다.

직장을 위해 구성원의 한 사람으로 부하직원이 최선을 다하기를 바란다면 부하직원의 장점을 찾아 자존심을 슬쩍 부추겨주는 것도 리더의 역할 중 하나다.

사람의 단점이나 부족한 부분만을 두 눈 부릅뜨고 찾아봐야, 리더가 팀을 긍정적으로 지휘하고 업무를 창조적으로 해내는 데 아무런 도움이 되지 않는다.

조금 찜찜하고 개운하지 않더라도, 때로는 한발 물러설 줄 아는 것도 역시 리더에게 필요한 역량이다.

상사가 절대로 보여서는 안 되는 행동

또 사이가 원만하지 않은 부하직원에게 상사가 선택해서는 안 되는 전략도 있다.

"이 업무에는 사운이 걸려 있다고. 자네가 최선을 다 해도 될 만큼 가치가 있는 일이야."

"내가 부탁한 일을 자네가 제대로 해주면 그때 다시 생각해볼게."

이런 식으로 조건을 붙이는 것이다. 이러한 언행은 모두 부하직원에게 '상사의 불성실함'을 느끼게 한다.

부하직원도 생각 이상으로 상사를 냉정하게 지켜본다. 그러므로, 이렇게 대처했다가는 동료끼리 협력하는 데 악영향을 미치고 직장은 더욱 삐걱거린다.

'편파적인 시선'에 대하여, 게슈탈트 심리학의 가르침

상사도 부하직원도 각자 마음가짐을 의식해야 한다. 마음먹기에 따라 주변이 달라 보이는 법이다.

교세라 창업자인 이나모리 가즈오는 《어떻게 살아가야 하는가》에서 '인생 및 업무의 결과=사고방식×열의×능력'이라는 인생 방정식을 이야기했다.

그는 '사고방식'이란 '마음먹기에 따라 현실 세상이 천국도 되고 지옥도 되는 것'이라고 설명했다.

이에 관련하여, 필자는 심리학을 배우기 시작했을 무렵 수업에서 들었던 게슈탈트 심리학 창시자 중 한 사람인 쿠르트 코프카(Kurt Koffka)의 나그네 이야기를 자주 떠올린다.

어느 겨울날 저녁, 한 남자가 세차게 휘몰아치는 눈보라 속을 말을 타고 겨우 숙소에 도착했다. 몇 시간이나 길도 표지판도 온통 눈으로 뒤덮여 바람만이 쌩쌩 불어대는 평원을 가로질러 힘겹게 대피소에 다다른 것이다. 이렇게 잠시나마 몸을 피할 수 있었으니, 얼마나 다행인가. 인기척에 현관문을 열고 나온 집주인은 놀란 눈으로 외지 사람을 바라보며 어디에서 왔냐고 물었다. 남자는 숙소와는 정반대 방향을 가리켰는데, 집주인은 몹시 두려워하며 떨리는 목소리로 말했다. "콘스탄츠 호수 위를 걸어왔다는 걸 아시오?" 이 말을 들은 남자는 푹 쓰러졌고 집주인의 발밑에서 숨이 끊어졌다.

《게슈탈트 심리학의 원리》 (후쿠무라 출판)

이 이야기는 우리가 객관적이고 물리적인 환경이 아니라 자기가 인지한 주관적이고 심리적인 환경에서 행동하고 있음을 알려준다.

이야기 속 나그네에게 콘스탄츠 호수는 '평원'이었다. 처음부터 호수라고 알았다면 그 길을 가지 않았을 것이고, 찾아간 곳이 그 집이 아니었을지도 모른다.

게슈탈트 심리학에서는 다양한 요소와 부분이 통합하여 전체를 성립하는데, 그렇다고 단순히 부분의 합을 전체로 보지는 않는다. 무지개를 떠올려보자. 색을 따로따로 보면 각각의 색이 존재할 뿐이다. 일곱 색깔 전체를 하나로 봐야 비로소 무지개로 보이는 법이다.

인간의 인식과 심리 현상은 조각조각 분해하여 볼 게 아니라, 전체를 하나로 봐야 의미가 생긴다.

초봉 20만 엔. 인생에서 돈이 가장 중요한 사람에게는 부족할지 모른다. 하지만, 인생에서 애정이 가장 중요한 사람은 이 돈에도 만족할지 모른다.

이처럼 마음가짐이 어떠냐에 따라 같은 금액이라도 무게가 다르다. 혹여 직장에서 상사나 부하직원이 저지른 잘못만 눈에 보이는 등, 타인의 단점만 유독 보여서 스트레스를 받는가. 게슈탈트 심리학의 시각에서 보자면 일부분에 사로잡혀 마음이 편향된 상태다.

신뢰 게임 '돈을 얼마나 맡길 수 있을까?'

우리는 다양한 사고방식을 바탕으로 세상을 바라보고 행동한다. 사고방식에 따라, 상대에게 돈을 얼마나 맡길 수 있는지와 같은 신뢰 행동에 차이가 있다는 연구 결과가 발표됐다.

이탈리아의 심리학자 세로라와 공동 연구자들이 이를 입증했다.[66] 연구팀은 실험을 위해 20세 전후의 남녀 40명에게 두 가지 과제를 주었다.

한 가지는 확산적 사고, 다른 하나는 수렴적 사고다.

- 확산적 사고 과제 : 펜이나 병과 같은 일용품의 사용법에 대해서 가급적 많은 아이디어를 내는 과제였다.
- 수렴적 사고 과제 : 'night/밤' 'wist/손목' 'stop/정지'의 세 그룹의 단어를 보고 이와 관계있는 것을 하나씩 떠올리라는 과제였다.

각 과제를 10분간 수행한 뒤, 이번에는 신뢰 게임을 시작했다. 실험자는 참가자들에게 5센트씩 건네고 상대에게 얼마를 맡길지 정하게 했다. 단, 맡긴 돈은 3배로 늘어난다. 그리고 늘어난 돈에서 상대가 되돌려주는 금액이 자기 것이 된다.

이때 상대가 신뢰에 응답한다면 최소한 늘어난 돈의 반 이상은 되돌려줄 것이다. 그러면 다행히도 두 사람 다 처음보다 금액이 늘어난다. 물론 상대가 맡긴 돈을 하나도 안 줄 수도 있다. 만약 그런 경우라면 안됐지만 맡긴 사람이 손해다.

막상 신뢰 게임을 진행해보니, 수렴적 사고보다 확산적 사고에서 상대를 신뢰하여 더 큰 금액을 맡겼다.

이러한 결과는 확산적 사고가 내포적이고 통합적으로 정보를 처리하는 성질이 있고 자기와 타인의 연결을 부추기기 때문이라고 본다.

상대나 직장을 어떻게 느끼고 어떻게 보느냐, 이를 조감할 수 있느냐는 능력이다. 이 능력의 정도에 따라 협력적으로 행동할지, 파괴적으로 행동할지가 규정될 가능성이 있다. 이는 선천적인 재능이 아니라, 키울 수 있는 능력이다.

때에 따라서 브레인스토밍(brain-storming) 등 확산적 사고방식을 도입하면 타자와 관계를 맺거나 협조적으로 행동하는 데 촉매제가 된다.

지금 여러분에게 주어진 업무는 혼자서 완성할 수 있을지 모른다. 그렇더라도 조직과 사회와 연결되어 있음을 의식해야 사람과 정보를 끌어들일 수 있고 자기 일에 보람과 자부심을 느끼게 된다.

상사와 부하직원처럼 계층적 권력관계에 있는 사람끼리 불편한 사이가 되어 상처받은 심신을 위로받고자 할 때 잠시 거리를 두는 것도 효과적이다. 그러나 근본적인 해결책이 되지는 못한다.

가장 잘 듣는 약, 최소한으로라도 필요한 약은, 사실 상처를 준 상대와의 관계 속에 있기 때문이다.

'상대의 처지가 되어 백번 양보한대도, 사람으로서 용서할 수 없다'
'인생을 망가뜨린 최악의 인간…… 그래도 용서하라고?' 등과 같은 의견을 포함해도 그렇다.

여기까지 살펴본 대처법을 실천하려고 한 발 내딛는 데도 시간이 필요할 것이다.

그러나 적어도 지금의 불운을 상대의 탓으로 돌리지 않아도 될 때까지 스스로 달랠 수 있는 건, 자기 자신밖에 없다. 이를 도와줄 마음 든든한 지원군이 있다면 우리는 조금씩 나아갈 수 있다.

이렇게 한 발 내디디며 당당하게 그 일과 그 사람을 마주한다. 그때부터는 시간이 해결해준다. 시간은 여러분을 위해 움직이기 시작할 것이다.

틀림없이 시간은 여러분의 편에 서서, 여러분의 상처가 아무는 데 큰 힘이 되어줄 것이다.

중요 포인트

- 리더와 구성원의 신뢰 관계는 단 한 번의 이기적인 행동으로 순식간에 무너져 내린다.

- 한번 잃어버린 신뢰 관계를 회복하려면 반드시 두 가지 행동을 해야 한다.

- 하나는 사과하거나 잘못을 인정한 사람을 용서하는 것이다.

- 또 하나는 상담을 청하는 것. 특히 직장에서 상사가 부하직원에게 상담을 청한다면 부하직원은 직장 모두에게 협력적으로 행동하게 된다.

관계성을 중시하는 리더십

조직심리학으로 이끌었던 교육 현장

초등학교 교사라는 꿈에 한발 다가가는 교생실습을 나가게 되었을 때, 나는 햇병아리 교사로서 교육 현장을 경험할 수 있어서 설렜다.

첫 교생실습에서 한 반에 예닐곱 명 정도 교생이 들어가게 됐고, 수업을 견학하고 아이들과 급식도 먹고 아이들이 좋아하는 캐릭터 이야기를 나누었다.

교사가 되고자 하는 교생들은 모두 아이들과 잘 어울리고 싶어 한다.

실습 첫날 중간 쉬는 시간에 일이 벌어졌다. 아이들이 여러 교생에게 골고루 모여들겠지 하는 기대는 산산이 부서졌다. 오로지 한 사람에게 집중되었다.

아이들은 지나치게 솔직하며 때론 잔혹하기까지 하다. 한 아이가 체격이 좋은 남자 교생의 팔에 매달리며 "높이 올려주세요!" 하며 신나 하자, 다른 아이들도 그에게 몰려들었다.

그 이후 다른 교생들은 그가 아이들과 잘 지내는 모습을 지켜봐야만 했다.

이 일은 내게 너무나도 인상적이었다. 실습 첫날 이미 남은 기간이 어떨지 뻔했다. 그만큼 내게 큰 숙제와 압박감을 주었다.

팔에 매달리는 아이들을 들어올릴 힘도 없는 나보고 어떡하라는 걸까. 이 숙제를 풀기 위해 진지하게 고민했다. 그때 마주한 수업이 '발달사회심리학'으로, 심리학과의 첫 만남이었다.

아이들이 어떤 기분이고 뭘 요구하는지 알면 아이들을 팔로 들어올리는 만큼 효과적으로 대처할 수 있지 않을까, 하고 말이다.

정말로 그런 일이 가능한 분야인지 반신반의했지만, 내 직감만을 믿고 수업 후 바로 교수님의 연구실 문을 두드렸다.

사람과 사람의 관계는 역사도 움직인다

어쩌다가 온 세상이 전쟁터가 된 걸까……. 어떻게 무명의 한 청년 히틀러가 연설로 독일 국민을 열광시키고 잔학한 시책과 전쟁을 선동할 수 있었을까, 참 이상했다. 이것이 리더의 힘이라면 조직에서 리더의 영향을 받는 우리의 마음은 어떻게 움직이는 건지, 원리가 매우 궁금했다.

또 역사를 좋아했던 내게 가마쿠라시대는 다른 때와 달라 보였다. 가마쿠라시대는 귀족만 누리던 문화란 것이 무사와 서민에까지 확산된 일종의 개혁 시대였다. 열린 시대와 사회를 향한 기세가 느껴진다. 착취하거나 하향식 명령이 아닌 리더와 팔로워로서 각자가 자기 역할에 최선을 다하는 관계가 구조화된 시대로 보였다.

지금, 내가 중시하는 '관계성의 리더십'은 여기에 가깝다.

조직과 사람의 성장을 위해

버블경제기가 붕괴하였다. 당시 나는 대학원을 다니며 리더십을 전공으로 하는 연구소에서 수년간 수업했다.

시대적 흐름에 빠른 나였지만, 리더십 조사 및 연수 의뢰 건수는 나날이 줄어들며 규모가 축소하고 있었다. 경기가 나빠지면 기업은 인재 육성 분야부터 예산을 삭감한다는 것을 피부로 느꼈던 중요한 경험이었다.

얼마 지나지 않아, 기업의 인재 육성과 인간관계 문제는 전보다 심각해졌다.

이 같은 사회 분위기 속에서도 여전히 리더십 개발에 힘을 쏟았던 기업도 있었다. 당시 신규 의뢰한 기업 중에는 나중에 급성장한 곳도 있다. 기업의 관리직 연수에서 강단에 서게 된 교수님께 가방이라도 들어드리겠다며 따라가서 기업 관계자분들과 함께 강의를 들었다. 교수님은 시사 문제를 예로 들며 위트에 넘치는 어조로 순식간에 관리직 분들을 매료시켰다.

하지만, 몇 번을 들어도 교수님의 강연은 나로서는 따라 하기는커녕 흉내도 못 낼 화법이었다. 교수님 대신 강연해달라는 요청을 받았을 때, 나는 나만의 스타일로 내가 잘할 수 있는 것을 하자고 결심했다.

데이터를 바탕으로 현장 사람들의 목소리를 얹어 이야기를 풀어갔다. 이 방식은 지금도 고수하고 있다. 이 책도 같은 방식으로 객관적인 데이터에 에피소드를 더해 현실 조직의 인간관계를 그리고 싶었다.

사람과 사람이 어울리고 이어져야 역사가 만들어진다. 교육 현장에서도, 국가에서도, 대기업에서도, 중소기업과 영세기업에서도, 스포츠팀에서도 모두 마찬가지다.

사람이 없는 기업은 없다. 조직 안에서 서로 부대끼며 마음이 통했을 때, 감히 상상하지 못했던 일을 훌륭하게 해낸다. 이를 한번 경험한 사람은 누구나 함께 일하고 싶어진다.

조직에 속한 사람이라면 누구나 자기 할 말은 있다. 그런데도 같은 지붕 아래에서 같은 목표를 향해간다. 시간과 공간을 초월하여 반복되기에 더 의미가 있다.

그 안에서 오가는 말과 생기는 일 속에 사람다움이 있고 함께 어울려야 하는 본질이 투영돼 있다면 쉽지 않은 인간관계라도 당당히 마주할 때 비로소 보이는 재미가 분명히 있다.

조직에서 더욱 나은 인간관계를 맺으려면 나도 타인도 있는 그대로 보고 이해하는 게 먼저다. 업무와 과제에 진지하게 임하면서도, 그 어느 때보다 즐겁고 자극적인 경험을 하기를 바란다. 내 옆자리 동료와 함께, 또 앞으로 만날 그 누군가와 함께.

프롤로그

1 1. Swaab, R. I., Schaerer, M., Anicich, E. M., Ronay, R., & Galinsky, A. D. (2014). The too-much-talent effect: Team interdependence determines when more talent is too much or not enough. Psychological Science. 25 (8), 1581-1591.

2 Izuma, K., Saito, D. N., & Sadato, N. (2004). Processing of social and monetary rewards in the human striatum. Neuron, 58 (2), 284-294.

3 金井篤子(編)『産業・組織心理学を学ぶ ： 心理職のためのエッセンシャルズ 産業・組織 心理学講座 第1巻』 北大路書房. 以下も参照。岡本一成 (1994).『産業・組織心理学入門 第2版』 福村出版. 以下も参照。渡辺直登. (2012). 産業・組織心理学. 日本労働研究雑誌, 621, 44-49.

제1장

4 Kahneman, D. (2011). Thinking, Fast and Slow. London: Penguin Books. (村井章子訳 『ファスト & スロー』〔下〕, ハヤカワNF文庫, 2014年.

5 DeSteno, D., Valdesolo, P., & Bartlett, M. Y. (2006). Jealousy and the threatened self: Getting to the heart of the green-eyed monster. Journal of Personality and Social Psychology, 91 (4), 626-641.

6 アリストテレス, 戸塚七郎訳, (1992).『弁論術』岩波書店, 216-217

7 Takahashi, H., Kato, M., Matsuura, M., Mobbs, D., Suhara, T., & Okubo, Y. (2009). When your gain is my pain and

your pain is my gain: neural correlates of envy and schadenfreude. Science, 323, 937-939

8   Lange, J., & Crusius, J. (2015). Dispositional envy revisited: Unraveling the motivational dynamics of benign and malicious envy. Personality and Social Psychology Bulletin, 41 (2), 284-294.

9   澤田匡人, & 藤井勉. （2016）. 妬みやすい人はパフォーマンスが高いのか?—良性妬み に着…目して— 心理学研究, 87 （2）, 198-204.

10   Lee, K., & Duffy, M. K. (2019). A functional model of workplace envy and job performance: When do employees capitalize on envy by learning from envied targets? Academy of Management Journal, 62 (4), 1085-1110.

11   Gasper, K., & Clore, G. L. (2002). Attending to the big picture: Mood and global versus local processing of visual information. Psychological science, 13 (1), 34-40.

12   Liu, Y., Zhu, J. N., & Lam, L. W. (2020). Obligations and feeling envied: a study of workplace status and knowledge hiding. Journal of Managerial Psychology, 35 (5), 347-359.

13   van de Ven, N., Zeelenberg, M., & Pieters, R. (2010). Warding off the evil eye:
When the fear of being envied increases prosocial behavior. Psychological Science, 21 (11), 1671–677.

제2장

14 山浦一保・堀下智子・金山正樹（2013）. 部下に対する上司のポジ
    ティブ・フィードバックが機能しないとき. 心理学研究, 83（6）, 517-
    525

15 Liden, R. C., Wayne, S. J., & Stilwell, D. (1993). A longitudinal
    study on the early development of leader-member
    exchanges. Journal of Applied Psychology, 78 (4), 662-674.

16 Nahrgang, J. D., Morgeson, F. P., & Ilies, R. (2009). The
    development of leader–member exchanges: Exploring
    how personality and performance influence leader and
    member relationships over time. Organizational Behavior
    and Human Decision Processes, 108 (2), 256-266.

17 Vaillant, 2012; Waldinger, 2016; "The Atlantic" What Makes
    Us Happy, Revisited

18 Graen, G. B., Novak, M. A., & Sommerkamp, P. (1982). The
    effects of leader– member exchange and job design on
    productivity and satisfaction: Testing a dual attachment
    model. Organizational Behavior & Human Performance,
    30 (1), 109–131.

19 厚生労働省（2010）. 自殺・うつ対策の経済的便益（自殺や
    うつによる社会的損失）. https://www.mhlw.go.jp/stf/
    houdou/2r9852000000qvsy.html (accessed August 04,
    2020).

20 Yamaura, K., Sato, T., & Kono, T. (2016). What does the
    Inamori Management

Philosophy bring?. Ritsumeikan Inamori Philosophy Research Center The 2nd International Symposium. Japan: Osaki(OIC).

JAL社員の声については以下を参照。JAL再生の哲学―教育プラットフォーム研究 JAL現場インタビュー記録～8つの現場24人の社員インタビュー～. 立命館大学OIC総合研究 機構稲盛経営哲学研究センター 客員教授金井文宏 客員助教谷口悦子

21 山浦一保(2012). 第10章リーダーシップを発揮する. 安藤香織(編著). 杉浦淳吉 (編著).『暮らしの中の社会心理学』 p123.

22 トム・ピーターズ & ロバート・ウォーターマン, 大前研一訳(2003)『エクセレント・カンパニー』, 英治出版 p. 50.

23 山浦一保・古川久敬(2008). 医療の質向上に関する看護師の理解と実行の乖離現象とそ の抑制に関する研究. 実験社会心理学研究, 48(1), 63-73.

24 Mesmer-Magnus, J. R., & DeChurch, L. A. (2009). Information sharing and team performance: A meta-analysis. Journal of Applied Psychology, 94(2), 535-546.

25 山浦一保(2017). 第4章 交換関係としてのリーダーシップ. 坂田桐子(編).『社会心理学におけるリーダーシップ研究のパースペクティブⅡ』ナカニシヤ出版, pp.83-108.

26 Harris, K. J., & Kacmar, K. M. (2006). Too much of a good thing: The curvilinear effect of leader-member exchange on stress. Journal of Social Psychology, 146(1), 65-84.

27 『ショーベンハウアー全集』14, 第三九六節, p. 306

28 Sui, Y., Wang, H., Kirkman, B. L., & Li, N. (2016).

Understanding the curvilinear relationships between LMX differentiation and team coordination and performance. Personnel Psychology, 69 (3) , 559-597.

29 Yamaura, K. (2021) . Interactions outside organizations revive low leadermember exchange members work behaviors. The 32nd International Congress of Psychology.

30 Delanoeije, J., & Verbruggen, M. (2020) . Between-person and within-person effects of telework: a quasi-field experiment. European Journal of Work and Organizational Psychology, 29 (6) , 795-808.

31 株式会社原子力安全システム研究所（編）・三隅（監修）（2001）. 『リーダーシップと安全の科学』 ナカニシヤ出版.

32 三隅二不二 (1984) . 『 リーダーシップ行動の科学』 有斐閣.

제3장

33 Thomas, K. W., & Schmidt, W. H. (1976) . A survey of managerial interests with respect to conflict. Academy of Management Journal, 19 (2) , 315-318.

34 山浦一保・黒川正流・関文恭 (2000b) . 看護婦の不満対処方略, 勤続年数および不調のリーダーシップとの関係. 九州大学医療技術短期大学部紀要, 27, 69-76. 以下も参照。山浦一保 (2012) . 第5章 リーダーシップの特性とリーダーシップの発揮の仕方. 岡本一成 (監修) . 藤田主一 (編集) . 『ゼロから学ぶ経営心理学』 pp. 56-71.

35 Rosen, S., & Tesser, A. (1970) . On reluctance to communicate undesirable information: The MUM effect.

Sociometry, 253-263.

36 大坪庸介・島田康弘・森永今日子・三沢 良 (2003). 医療機関にお
ける地位格差とコミュニケーションの問題―質問紙調査による検
討―. 実験社会心理学研究, 43 (1), 85-91.

37 山浦一保・黒川正流・関 文恭 (2000). 病院における部下の不満対
処方略が上司行動に及ぼす影響. 九州大学医療技術短期大学部
紀要, 27, 77-82.

38 Dunn, E. W., Aknin, L. B., & Norton, M. I. (2014). Prosocial
spending and happiness: Using money to benefit others
pays off. Current Directions in Psychological Science, 23
(1), 41-47.

39 山浦一保・浦 光博 (2006). 不満生起事態における部下の議論統
合的対処の促進要因に
関する検討. 社会心理学研究, 21 (3), 201-212.

40 Ul-Hassan, F. S., Ikramullah, M., Khan, H., & Shah,
H. A. (2021). Linking role clarity and organizational
commitment of social workers through job involvement
and job satisfaction: A test of serial multiple mediation
model. Human Service Organizations: Management,
Leadership & Governance. Published online: 23 Mar 2021.

41 Liang, J., Farh, C. I., & Farh, J. L. (2012). Psychological
antecedents of promotive and prohibitive voice: A two-
wave examination. Academy of Management Journal, 55
(1), 71-92.

42 Frazier, M. L., Fainshmidt, S., Klinger, R. L., Pezeshkan, A.,

& Vracheva, V. (2017). Psychological safety: A metaanalytic review and extension. Personnel Psychology, 70 (1), 113-165.

43 Carmeli, A., & Gittell, J. H. (2009). High-quality relationships, psychological safety, and learning from failures in work organizations. Journal of Organizational Behavior, 30 (6), 709-29.

44 山浦一保・浦光博. (2006). 不満生起事態における部下の議論統合的対処の促進要因に関する検討. 社会心理学研究, 21 (3), 201-212.

45 Fong, C. J., Patall, E. A., Vasquez, A. C., & Stautberg, S. (2019). A metaanalysis of negative feedback on intrinsic motivation. Educational Psychology Review, 31, 121-162.

46 Izuma, K., Saito, D. N., & Sadato, N. (2004). Processing of social and monetary rewards in the human striatum. Neuron, 58 (2), 284-294.

47 Mueller, C. M., & Dweck, C. S. (1998). Praise for intelligence can undermine children's motivation and performance. Journal of Personality and Social Psychology, 75, 33-52.

제4장

48 Urbach, T., & Fay, D. (2018). When proactivity produces a power struggle: how supervisors' power motivation affects their support for employees' promotive voice. European Journal of Work and Organizational Psychology, 27 (2), 280-295.

49 Kipnis, D. (1972). Does power corrupt? Journal of Personality and Social Psychology, 24 (1), 33. 以下も参照。渕上克義. (1988). 勢力保持者の勢力維持傾向と知覚された類似性の関係. 心理学研究, 58 (6), 392-396.

50 Hirsh, J. B., Galinsky, A. D., & Zhong, C. B. (2011). Drunk, powerful, and in the dark: How general processes of disinhibition produce both prosocial and antisocial behavior. Perspectives on Psychological Science, 6 (5), 415-427.

51 Galinsky, A. D., Magee, J. C., Inesi, M. E., & Gruenfeld, D. H. (2006). Power and perspectives not taken. Psychological Science, 17 (12), 1068-1074.

52 Yukl, G., & Tracey, J. B. (1992). Consequences of influence tactics used with subordinates, peers, and the boss. Journal of Applied Psychology, 77 (4), 525.

53 山浦一保・黒川正流・関 文恭 (2000a). 病院における部下の不満対処方略が上司行動に及ぼす影響. 九州大学医療技術短期大学部紀要, 27, 77-82.

54 Urbach, T., & Fay, D. (2018). When proactivity produces a power struggle: how supervisors' power motivation affects their support for employees' promotive voice. European Journal of Work and Organizational Psychology, 27 (2), 280-295.

55 洞口治夫. (2018). ハーシュ…マンの組織論と企業マネジメントの権力構造. 経済志林, 85 (4), 381-402.

제5장

56 山浦一保 (2013). 上司−部下の崩壊した信頼関係の修復に関する
研究 (Ⅱ) −効果的な対処行動の選択を促進する条件−. 産業・組
織心理学会第29回大会.

57 山浦一保 (2013). 上司−部下の崩壊した信頼関係の修復に関する
研究 (Ⅰ) −関係性の認知と対処行動との関連−. 日本社会心理学
会第54回大会.

58 Hafner, M., Stepanek, M., Taylor, J., Troxel W. M., & van
Stolk, C., (2017).Why sleep matters - the economic costs of
insufficient sleep : A Cross-Country Comparative Analysis.
Rand Health Q. 2017 Jan 1;6 (4) :11. eCollection 2017 Jan.

59 山浦一保 (2006). 製品安全の情報開示を促進する心理的プロセ
スに関する研究, 21, 121-130.

60 NHK／豊田 有 (2018). ダーウィンが来た!第578回「赤ちゃんが
平和を守る!ベニガオザル」 2018.12.16. 放送

61 Wu, J., & Axelrod, R. (1995). How to cope with noise
in the iterated prisoner's Dilemma. Journal of Conflict
Resolution, 39 (1), 183-189.

62 Smith, A., McCauley, T. G., Yagi, A., Yamaura, K., Shimizu,
H., McCullough, M. E., & Ohtsubo, Y. (2020). Perceived
goal instrumentality is associated with forgiveness: a test
of the valuable relationships hypothesis. Evolution and
Human Behavior, 41 (1), 58-68.

63 Exline, J. J., Deshea, L., & Holeman, V. T. (2007). Is apology
worth the risk? Predictors, outcomes, and ways to avoid

regret. Journal of Social and Clinical Psychology, 26 (4),
479-504.

64 Byrne, A., Barling, J., & Dupré, K. E. (2014). Leader
apologies and employee and leader well-being. Journal of
Business Ethics, 121 (1), 91-106.

65 Sparrowe, R. T., Soetjipto, B. W., & Kraimer, M. L. (2006).
Do leaders' influence tactics relate to members' helping
behavior? It depends on the quality of the relationship.
Academy of Management Journal, 49 (6), 1194-1208.

66 Sellaro, R., Hommel, B., de Kwaadsteniet, E. W., van
de Groep, S., & Colzato, L. S. (2014). Increasing
interpersonal trust through divergent thinking. Frontiers
in Psychology, 5, 561.

무기가 되는
리더의 심리학 수업

1판 1쇄 2024년 1월 10일 발행

지은이 | 야마우라 가즈호
펴낸이 | 김정주
펴낸곳 | ㈜대성 Korea.com
본부장 | 김은경
기획편집 | 이향숙, 김현경
디자인 | 문 용
외주디자인 | 디자인비스
영업마케팅 | 조남웅
경영지원 | 공유정, 임유진

등록 | 제300-2003-82호
주소 | 서울시 용산구 후암로 57길 57 (동자동) ㈜대성
대표전화 | (02) 6959-3140 | 팩스·(02) 6959-3144
홈페이지 | www.daesungbook.com
전자우편 | daesungbooks@korea.com

ISBN 979-11-90488-50-1(03810)
이 책의 가격은 뒤표지에 있습니다.